피공의

# 심플하지만
# 강력한

피공 지음

# PPT
# 디자인

실전에 바로 적용하는 내가 찾던 그 파워포인트

**일러두기**

- 본 도서는 PowerPoint 2016 버전을 기준으로 작성하였습니다. 운영체제와 버전에 따라 작업 환경이 조금 다를 수 있습니다.
- 본 도서의 예제 색상은 R, G, B로 작업하였습니다. 파워포인트 작업 색상과 인쇄 색상 간의 차이가 있음을 알려 드립니다.

피공의

# 심플하지만 강력한 PPT 디자인

피공 지음

실전에 바로 적용하는 내가 찾던 그 파워포인트

영진미디어

## 2장. 파워포인트 디자인 감각 기르기

### 01. 가독성

### 02. 색상

### 03. 레이아웃

### 04. 여백

# 3장. 파워포인트 완성도 높이기

## 4장. 파워포인트 템플릿 만들기

**어떻게 해야 근사한 파워포인트 디자인을 만들 수 있을까?**

파워포인트를 처음 시작했을 때, 파워포인트를 잘 만드는 사람들을 보며 제가 항상 하던 생각이었어요. SNS나 인터넷에서 파워포인트와 관련된 콘텐츠를 만드는 사람을 보며 참고해서 만들어도 저의 디자인은 어딘가 어색하고 부족했습니다.

"왜 참고해서 만들어도 안 되는 걸까?"에 대한 의문을 가지고 답을 찾고자, 제 나름대로 벤치마킹과 분석을 하며 답을 찾았습니다. 그것은 '디자인의 원리'를 아는 것에 있었습니다. 파워포인트는 단순히 글자나 도형을 넣는 툴이 아니었어요. 글자를 넣을 때도 어울리는 폰트로 변경하고, 자간과 행간을 맞춰야 하며, 파워포인트에 들어가는 요소에 디자인의 원리를 고려하면서 넣어야 비로소 좋은 디자인이 나옵니다.

디자인에 대한 원리를 알고 적용해 본 결과 보다 수월하게 원하는 디자인을 만들 수 있었습니다. 그렇게 파워포인트 콘텐츠를 시작함으로써, 감사하게도 10만 명 팔로워를 보유한 파워포인트 디자이너로 성장할 수 있었습니다.

이 책에서는 제가 6년 동안 분석을 통해 알아낸 모든 것, 파워포인트에 적용하는 디자인 원리(가독성, 색상, 레이아웃, 여백)를 통해 그것을 적용해 가며 슬라이드를 하나씩 만들어가는 과정을 거쳐갑니다. 디자인에 정답은 없습니다. 하지만 좋은 디자인은 분명히 있습니다. 이 책이 여러분에게 좋은 디자인을 완성하는데 도움이 되는 방향표와 같은 책이 되었으면 좋겠습니다.

피공

# 1장

# 효율적인
# 파워포인트를 위한
# 첫걸음

# 01

# 파워포인트를
# 시작하기 전에

## 구상부터 시작하자

　파워포인트를 처음 만들 때 종종 하는 실수가 있습니다. 바로 어떤 파워포인트를 만들지 구상도 하지 않은 채 파워포인트 창을 켜는 것입니다. 계획도 없이 파워포인트 창을 켜고 바로 작업에 들어간다면 어떻게 만들어야 할지 몰라 막막하기만 합니다. 그러니 구상이 되지 않은 상태에서 바로 작업에 들어가지 마세요. 맨땅에 헤딩하는 것과 같습니다. 그렇다면 구상은 어떻게 하는 것일까요? 막상 구상부터 시작하려고 해도 쉽게 떠오르지 않습니다. 그럴 때는 다른 자료들을 참고해 보세요. 핀터레스트, 미리캔버스, 망고보드, 구글 등에서 여러 자료를 검색해 보고, 내가 만들고자 하는 파워포인트의 자료를 수집해 본다면 여러분의 파워포인트 구상에 큰 도움이 될 것입니다.

핀터레스트 (www.pinterest.co.kr)

가장 많이 이용하는 레퍼런스 사이트입니다. 수많은 디자이너가 자신의 저작물을 핀터레스트에 공유하고 있어 여러 저작물에 사용된 수많은 기법 및 아이디어를 참고할 수 있습니다. 핀터레스트는 디자이너에게 있어서도 보물창고 같은 곳입니다. 원하는 키워드를 검색하면 관련 자료를 한눈에 볼 수 있습니다. 핀터레스트에 올라온 저작물의 색상, 형식, 방식, 아이디어를 참고하세요.

미리캔버스 (www.miricanvas.com)

저작권 걱정 없는 수만 종의 템플릿이 있는 사이트입니다. 파워포인트 템플릿부터 일러스트가 담긴 카드 뉴스 템플릿 등 다양한 형식과 컨셉의 템플릿이 존재하며, 무엇보다 저작권 걱정이 없다는 점이 가장 큰 장점입니다.

**망고보드** (www.mangoboard.net)

미리캔버스와 동일한 형식의 템플릿 사이트입니다. 용도별 템플릿으로 나뉘어진 카테고리에서 원하는 템플릿을 제공받아서 사용하면 됩니다. 단, 망고보드의 저작권 규정을 확인한 다음 사용해 주세요.

**구글** (www.google.co.kr)

대형 포털 사이트답게 수많은 저작물이 검색됩니다. 원하는 키워드로 많은 이미지의 아이디어와 기법을 참고해 보세요. 구글은 레퍼런스 전용 사이트가 아니기 때문에 저작권 규정은 해당 게시글 사이트의 내용을 확인해 주세요.

# PPT의 퀄리티를 200% 높여주는 사이트

파워포인트 내에 없는 외부 파일(아이콘, 사진, 일러스트)을 얼마나 잘 활용하느냐에 따라 PPT의 완성도가 달라집니다. 적재적소에 알맞은 이미지를 활용하여 PPT의 퀄리티를 높여보세요.

프리픽 (www.freepik.com)

프리픽은 일러스트 및 고화질 사진 사이트입니다. 수많은 무료 리소스를 제공합니다. 사이트 설정 옵션에서 '무료'로 설정하여 검색하면 무료로 사용 가능한 소스를 찾을 수 있습니다. 유료 멤버십은 별도로 운영하고 있습니다.

### 픽사베이 (pixabay.com)

무료로 제공하는 고품질의 이미지가 많은 사이트입니다. 사진, 일러스트, 비디오, 음악 등을 다운받을 수 있습니다. 상업적 용도의 경우에도 자유롭게 사용이 가능합니다.

### 픽셀 (www.pexels.com)

분위기 있는 사진이 많은 사이트입니다. 저작권은 사이트 상단의 [라이선스]를 통해 확인할 수 있습니다.

리무브 비지 (www.remove.bg)

배경이 있는 이미지 파일에서 배경을 지우고 PNG 파일로 바꿔주는 사이트입니다. PNG 이미지는 PPT 에서 활용도가 많습니다.

플래티콘 (www.flaticon.com)

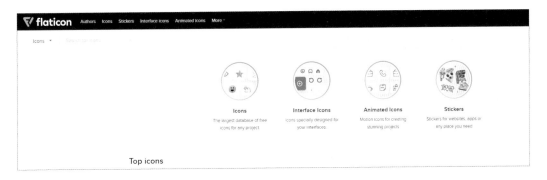

아이콘을 찾을 때 가장 많이 이용하는 사이트입니다. 플래티콘의 라이선스는 모든 이용자가 상업적, 비상업적 용도로 사용 가능합니다. 단, 무료 이용자는 저작권 표시가 필요합니다. 플래티콘의 아이콘의 색상을 변경하려면 SVG 파일로 다운받아서 파워포인트 내의 기능으로 변경하는 것이 편한 방법이나, SVG 파일로 다운받으려면 유료 결제를 해야 가능합니다. 그러나 유료 결제 없이 플래티콘 사이트 내의 기능으로 아이콘의 색상을 변경하는 방법도 있습니다. 나중에 아이콘을 다른 색상으로 바꾸고 싶을 때도 일일이 사이트에서 색상을 바꿔가며 다운받아야 한다는 단점이 있으며, 그에 비해 유료로 SVG 파일을 쓰게 되면 파워포인트 내의 기능으로 색상을 바로 바꿀 수 있다는 장점이 있습니다.

# [ 플래티콘 사이트에서 아이콘 색상 변경하기 ]

**01**

사이트 내에서 원하는
아이콘을 검색해
들어가주세요.
저는 'Designer'를
검색했습니다.

**02**

상단의 [Edit icon]
버튼을 눌러주세요.

**03**

좌측에 있는 [Select a
color from the Icon]
목록에서 바꾸고 싶은
색상을 선택해 주세요.
그러면 [Choose a
new color]에서 원하는
색상으로 설정할 수
있습니다.

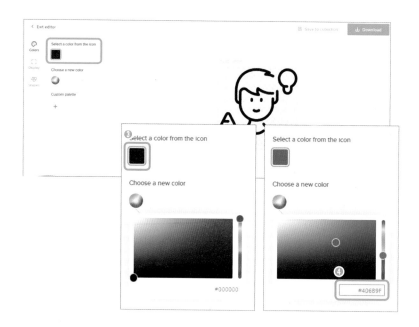

**04**

색상 변환을 하면
아이콘의 색상이 원하는
색상으로 바뀐 것을
확인할 수 있습니다.

**05**

상단의 [Download]를
클릭해 다운로드를
시작하세요.

파워포인트에서 중요한 요소 중의 하나가 폰트입니다. 폰트에 따라서 가독성을 높일 수 있으며 원하는 디자인에 맞출 수도 있기 때문입니다. 폰트를 사용할 때 명심해야 할 것은 상황이나 컨셉에 어울리는 폰트인지를 살펴보는 것입니다. 제목이나 핵심 키워드 같은 부분은 중요한 포인트이기 때문에 굵은 폰트를 사용하며, 반대로 세세한 설명 같은 경우는 부가적인 포인트이기 때문에 얇은 폰트를 사용합니다.

해당 슬라이드에서는, 전체 내용을 상황에 맞지 않은 굵은 폰트를 사용하였기 때문에 복잡해 보여 가독성이 좋지 않습니다.

사용 폰트: 여기어때 잘난체

해당 슬라이드에서는 상황에 따라 굵기를 조절한 폰트를 사용함으로써, 보다 보기 깔끔하고 읽기 편해졌습니다.

사용 폰트: G마켓 산스 Bold,
G마켓 산스 Medium,
G마켓 산스 Light

## [ 폰트를 한번에 바꾸기 ]

슬라이드가 많고 텍스트 박스가 많을 때 폰트를 텍스트 하나하나 바꾸는 것은 상당히 시간이 걸리고 번거로운 일입니다. 이럴 때 기존의 폰트를 원하는 폰트로 한번에 바꾸는 기능이 있습니다.

**01**

[홈 ▶ 바꾸기 ▶
글꼴 바꾸기]를
눌러주세요.

**02**

[현재 글꼴]과
[새 글꼴]에 들어갈
폰트를 지정해 주고,
[바꾸기]를 눌러주세요.

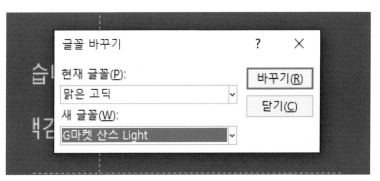

변경 전                                      변경 후

# 작업하다 막힐 때는 쉬는 시간을 갖자

초반에 구상을 잘했다고 생각해도, 막상 만들어보니 도중에 막히거나 잘못된 경우가 종종 있습니다. 누구나 겪는 어려움이에요. 이럴 때는 과연 어떻게 해야 할까요? 정답은 잠시 쉬는 것입니다. 처음 계획했던 구상과 달리 작업하다가 막히거나 예상치 못한 변수가 생기면 컴퓨터 앞에 앉아 어떻게 해결해야 할지 몰라 막막합니다. 그럴 때는 지금까지 작업한 파일을 저장한 다음, 의자에서 일어나 좋아하는 음악을 듣거나 밖에 나가서 산책을 하며 여유롭게 쉬는 시간을 즐깁니다. 그렇다면 무슨 일이 생길까요? 놀랍게도 머릿속에서 새로운 아이디어가 떠오릅니다.

Before(아이디어가 생겨나기 전)　　　　　After(아이디어가 생겨난 후)

저는 하얀색 구름 안에 자료를 넣고 싶었지만, 일반적인 구름 모양으로는 자료를 넣을 공간이 부족해 어려움을 겪었습니다. 그래서 아이디어를 얻기 위해 잠시 쉬는 시간을 가졌고, 그 결과 일반적인 구름 모양이 아닌 사각형과 유사한 형태의 구름 모양을 만들어 구름의 공간을 넓히는 아이니어로 어려움을 해결했습니다. 왜 쉬는 시간에 아이디어가 떠오를까요? 바로 여유가 생기기 때문입니다. 마음에 여유가 생길 때 시야가 넓어지며 그로 인해 다양한 아이디어가 떠오르게 됩니다. 이때 중요한 건, 쉬는 시간에도 잊지 말고 어떻게 하면 더 좋은 작업물을 만들 수 있을지 머릿속으로 계속 생각하는 겁니다. 갑자기 머릿속에 번뜩이는 아이디어가 떠오르면 놓치지 말고 핸드폰이나 노트에 바로 적어두세요. 큰 도움이 될 것입니다.

# 슬라이드에 들어가는 자료의 양은 최소한으로 넣자

파워포인트를 만들 때 들어가는 자료의 양은 최소한으로 넣으세요. 한 슬라이드에 들어가는 자료의 양이 많을수록 작업할 공간의 여백이 좁아져 텍스트의 크기는 작아지고 가독성이 떨어집니다. 청중의 입장에서는 복잡한 파워포인트를 보게 되어 이해하기 어렵습니다. 한꺼번에 많은 내용을 넣기 보다 청중의 입장에서 필요한 내용만 삽입하세요. **불필요한 내용을 제거하고 필요한 정보만 요약해서 발표해 보세요.** 그것이 파워포인트의 기본입니다. 아래 예시를 보겠습니다.

**NG**

**'MBTI 유료 검사' 가격표**

| 종류 | 추천 대상 | 비용(원) |
|---|---|---|
| 기본형 | 고등학생 ~ 성인 | 15,000 |
| 고급형 | 고등학생 ~ 성인 | 30,000 |
| 고급형 2부 세트 | 친구 커플 부부 가족 | 54,000 |
| 어린이, 청소년 | 초3 ~ 중학생 | 14,000 |
| 기본 해석상담 | MBTI 성격검사 완료자 | 50,000 |
| 심층 해석상담 | MBTI 정식검사 완료자 | 120,000 |
| 조직용 | 기업, 기관, 단체, 팀 | 45,000 |

해당 슬라이드는 하나의 슬라이드에 많은 내용이 담겨 있기 때문에 가독성이 떨어집니다.

**GOOD**

**'MBTI 유료 검사' 가격표**

| 종류 | 추천 대상 | 비용(원) |
|---|---|---|
| 기본형 | 고등학생 ~ 성인 | 15,000 |
| 고급형 | 고등학생 ~ 성인 | 30,000 |

불필요한 내용을 제거하고 텍스트의 크기를 키워 가독성을 높였습니다. 슬라이드 하나에 들어가는 내용의 양이 적을수록 공간의 여유가 생겨 텍스트나 이미지, 도형의 크기를 크게 설정할 수 있습니다.

## 공간을 효율적으로 활용하자

작업 공간을 최대한 효율적으로 활용하세요. 하나의 슬라이드에 들어가는 자료의 양이 불가피하게 많아진다면 아래 슬라이드를 참고해 주세요. **자료의 양이 적은 경우 자료를 중앙으로 배치하세요. 자료의 양이 많은 경우 상하좌우 폭넓게 배치**하는 것을 권장합니다.

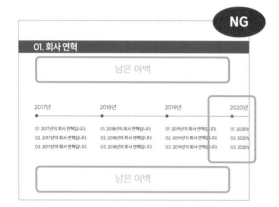

2017년부터 2020년까지 연혁을 쓰려고 했으나, 자료를 중간으로 몰아넣어 앞으로 쓸 여백이 부족해 2020년 부분이 화면에 일부분만 담겼습니다. 또한 그와 반대로 연혁 내용의 위아래로 많은 여백이 생겼습니다.

위와 같은 자료임에도 가운데 구분선을 기준으로 텍스트를 상하좌우로 균형 있게 배치하고 공간을 폭넓게 사용함으로써 자료의 양에 맞게 공간을 효율적으로 활용하였습니다.

# 실패한 슬라이드를 삭제하지 말자

파워포인트를 작업하다가 종종 실패한 슬라이드가 생깁니다. 내용이 직관적으로 보이지 않거나, 도식화를 잘못 만드는 등의 이유로 생기는 슬라이드입니다. 앞으로 실패한 슬라이드는 삭제하지 마세요. 따로 필요한 경우가 생기기도 합니다. 실패한 슬라이드라고 해도 유용하게 쓰일 수 있는 요소나 형식이 있을 수 있습니다. 실패한 슬라이드는 삭제하지 말고 작업이 끝날 때까지 슬라이드의 맨 마지막 순서로 남겨두세요. 도움이 되는 경우가 종종 있습니다.

왼쪽 슬라이드는 원 하나에 너무 많은 자료를 담아 알아보기 어렵다는 단점이 있어 실패한 슬라이드입니다.

자료에 맞게 도식화를 재정비하여 간결하게 만든 성공한 슬라이드입니다. 이제 성공한 슬라이드를 만드는 과정을 설명하겠습니다.

**01**

기존에 실패한
슬라이드를 복사해
슬라이드 맨 마지막
순서로 옮깁니다.

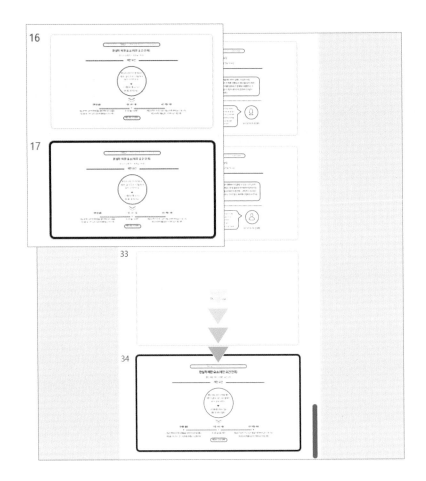

**02**

복사한 슬라이드에서
주요 요소를 제외한
나머지 부분을
삭제합니다.

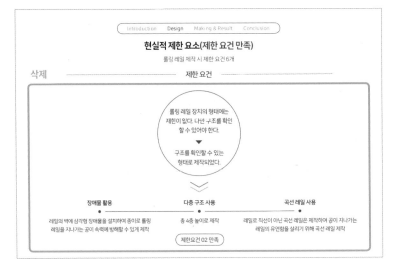

**03**

기존의 단점을 보완하여
재작업을 시작합니다.
2개의 도형을 만들어
간결하게 보이도록
도식화를 했습니다.
그러나 아직 해당
슬라이드에 들어가야
할 모든 자료를 넣지
않았습니다.

**04**

복사한 기존 슬라이드에서
필요한 요소를
확인합니다. 파란색
박스로 표시된 부분은
그대로 사용합니다.

03 의 슬라이드에서
04 의 요소를 넣습니다.

실패한 슬라이드를
참고해서 성공한
슬라이드로 만들 수
있습니다.

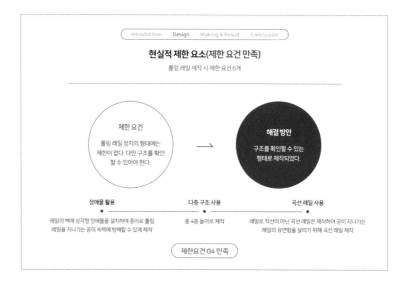

# 잘 넘겨지는 디자인의 핵심 요소 '통일감'

파워포인트에서 통일감은 매우 중요합니다. 통일감은 각각의 슬라이드에 동일한 규칙을 적용하는 것을 의미합니다. 모든 슬라이드의 디자인 요소를 규칙적으로 설정할수록 통일감이 높아집니다. 통일감이 높을수록 슬라이드를 넘길 때마다 청중에게 익숙한 느낌을 주기 때문에 안정감을 줍니다.

왼쪽 3개의 슬라이드는 하나의 완성된 파워포인트라고 했을 때, 디자인 요소가 맞지 않아 통일감을 느끼기 어렵습니다. 만약 해당 슬라이드로 발표를 한다면, 청중에게 있어서 각 슬라이드마다 낯선 느낌을 주며 주제 또한 알아보기 어려울 것입니다.

GOOD

왼쪽 3개의 슬라이드는 색상, 폰트, 배치 등 여러 디자인 요소가 일치해 통일감을 주는 PPT로 완성되었습니다.

자료를 볼 때 시선의 이동 동선이 간결하고 규칙적으로 보이도록 슬라이드를 만드세요. 시선의 이동 동선이 간단하고 규칙적일수록 보기 편한 슬라이드가 됩니다.

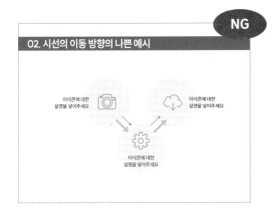

시선의 이동이 복잡하게 되어 있습니다. 이 경우 시선이 두 번 꺾이기 때문에 시선 이동에 불편함이 생깁니다.

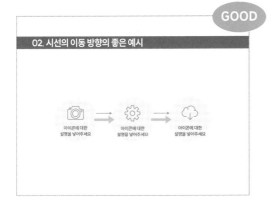

시선의 이동이 일직선으로 되어 있어, 한 번에 이어지기 때문에 자료의 정보가 쉽게 인식됩니다. 보기 편한 슬라이드는 그만큼 시선의 이동이 규칙적이고 일관적이며 단순합니다.

## 디자인의 목적은 자료 전달! 가독성이 가장 중요하다

　파워포인트 디자인을 시작하기 전에 반드시 명심해야 할 것이 있습니다. 파워포인트의 목적은 바로 '자료 전달'입니다. 파워포인트의 디자인이 예쁘거나 화려하면 시선을 사로잡을 거라 생각하는 분들이 있습니다. 그러나 그것은 반드시 벗어나야 할 착각입니다. 예쁘고 화려한 디자인이 아닌 심플하면서도 직관적이고 가독성이 높은 디자인이 좋은 디자인입니다.

**NG**

디자인 요소에 중점을 두어 꾸민 나머지 '자료 전달'이란 본질에서 멀어진 슬라이드입니다. 사람 모양의 아이콘을 사용해 예쁘게 되었지만, 정작 중요한 자료 전달이 제대로 되지 않습니다.

- 전체 남성 및 여성 수 -

남성 54명

여성 35명

**GOOD**

PPT의 본질인 자료 전달에 초점을 맞춘 슬라이드입니다. NG 슬라이드와 비교해 GOOD 슬라이드가 디자인이 심플하면서도 가독성이 더 높음을 알 수 있습니다.

- 전체 남성 및 여성 수 -

남성　　　여성
54명　　　35명

슬라이드에 많은 자료를 넣어야 할 경우 슬라이드의 수를 늘려 자료를 여러 장으로 나누세요. 그만큼 가독성도 높아지고 일목요연한 PPT가 완성됩니다. PPT는 불필요한 내용을 제거하고 자료를 최소한으로 하는 것이 기본입니다.

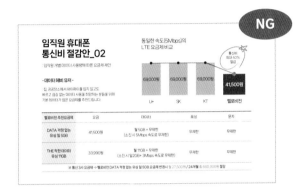

슬라이드 하나에 들어간 내용이 많습니다. 이러면 가독성이 떨어질 뿐 아니라 복잡해 보여 보기 좋지 않습니다.

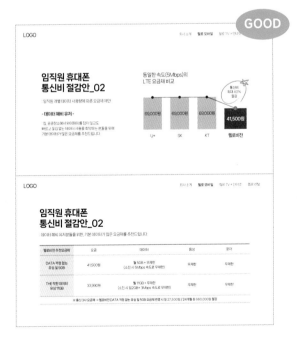

내용을 2장의 슬라이드로 나눴습니다. 큰 정보로 카테고리를 나눈 다음에 같은 정보끼리 묶어주세요. 한 화면에 하나의 정보만 보여주는 것이 좋습니다.

# 02

# 파워포인트
# 세팅하기

## '파일의 글꼴 포함' 저장 기능을 사용하자

파워포인트에서 사용하는 기본 폰트보다 인터넷에서 다운받은 폰트를 자주 사용합니다. 인터넷에서 다운받는 폰트는 종류도 많고 가독성이나 디자인 요소로 사용하기 적합합니다. 그러나 파워포인트에서 다운로드한 폰트를 사용했어도 '파일의 글꼴 포함' 기능을 사용하지 않으면 다른 컴퓨터에서 발표할 때 파워포인트의 기본 폰트인 '맑은 고딕' 폰트로 변환되는 일이 일어납니다. 원하는 폰트를 다운받아 넣었는데 해당 기능을 미처 사용하지 못해 만족스러운 발표를 못하는 경우가 종종 있습니다. 이를 예방하기 위해 '파일의 글꼴 저장' 기능을 알아보겠습니다.

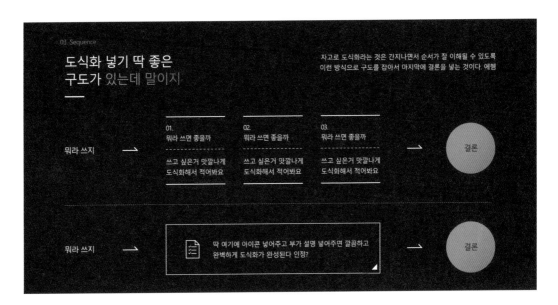

글꼴 포함 기능 사용 전

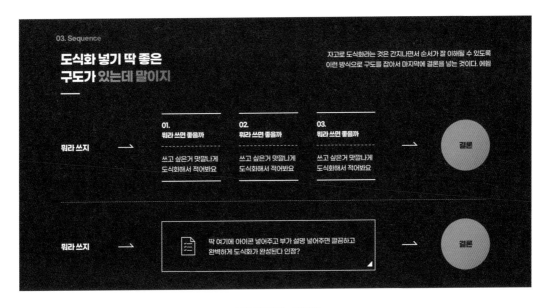

글꼴 포함 기능 사용 후

01

모든 슬라이드를 만들고
저장할 때 상단 좌측의
[파일]을 클릭합니다.

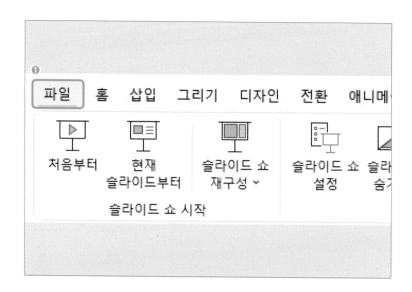

02

[저장] 혹은
[다른 이름으로 저장]을
클릭합니다.

**03**

[도구 ▶ 저장 옵션]을
클릭합니다.

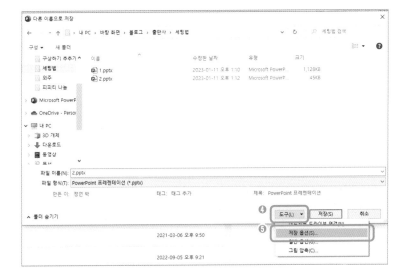

**04**

[파일의 글꼴 포함]과
[프레젠테이션에
사용되는 문자만 포함]을
체크하고 저장해 주세요.

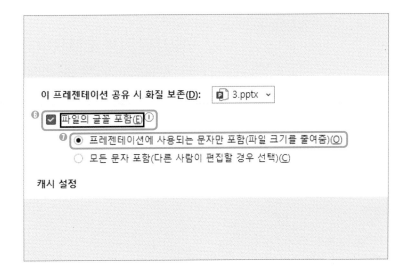

## 텍스트 윤곽선의 투명도를 100%로 맞추자

텍스트 윤곽선의 투명도를 100%로 맞추면 텍스트가 더욱 선명하게 보입니다. 텍스트 윤곽선의 투명도를 100%로 설정하는 법을 알아보겠습니다.

**01**

슬라이드 작업 공간에 원하는 텍스트를 넣어주세요.

**02**

해당 텍스트를 클릭합니다. 테두리 박스가 생기면 테두리 위에서 마우스 오른쪽 버튼을 클릭합니다.

**03**

[도형 서식 ▶ 텍스트 옵션
▶ 텍스트 윤곽선 ▶ 실선 ▶
투명도 100%]를 적용해
주세요.

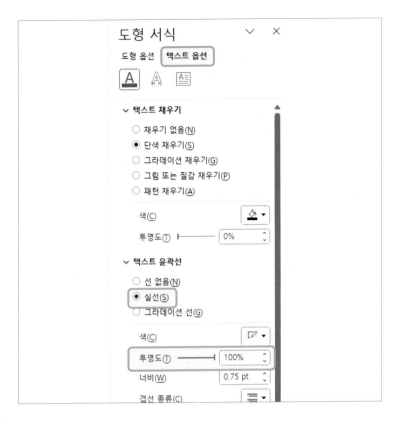

**04**

오른쪽 그림은 해당
기능을 적용하지 않았을
때와 적용했을 때의
차이입니다. 미세한
차이지만 왼쪽보다
오른쪽 텍스트가 더
선명하게 읽힙니다.
가독성을 높이기 위한
필수적인 기능입니다.

**적용 X**

텍스트 윤곽선의 투명도 100%를
적용해야, 텍스트가 좀 더 선명하게
보인다는 것을 알 수 있습니다.

**적용 O**

텍스트 윤곽선의 투명도 100%를
적용해야, 텍스트가 좀 더 선명하게
보인다는 것을 알 수 있습니다.

## 사용하는 색상은 슬라이드 바깥, 오른쪽 위에 배치하라

사용하려는 색상을 정했으면 그 색상을 슬라이드 바깥, 오른쪽 위에 배치해 주세요. 스포이트 기능을 이용할 때, 혹은 색상을 알기 쉽게 변경할 때 유용합니다. 슬라이드의 크기를 작게 조정한 후 [삽입 ▶ 도형 ▶ 사각형]으로 작은 사각형을 만들어주세요. 슬라이드 바깥, 오른쪽 상단으로 옮겨 원하는 색상으로 변경해 주세요.

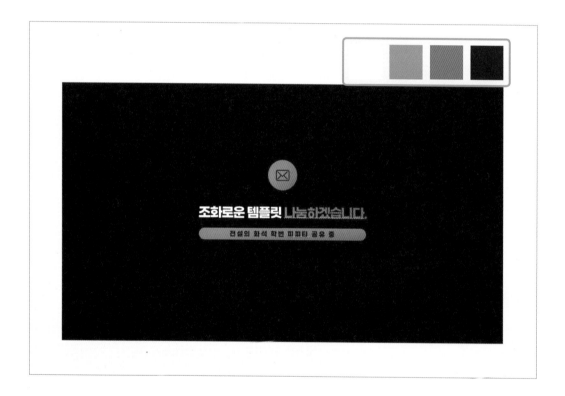

# 안내선 설정하기

안내선은 전체적인 레이아웃을 맞추고 균형을 잡을 때 중요한 기능입니다. 안내선을 어떻게 활용할지는 레이아웃에 따라 다르지만, 기본적인 안내선을 맞추는 것을 권장합니다.

**01**

상단에 있는 [보기] 탭에 들어가 [안내선]을 체크합니다.

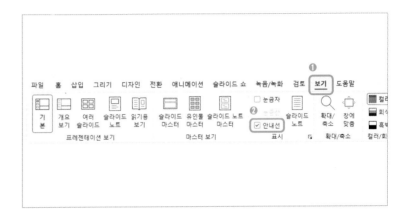

**02**

안내선을 체크하면 기본적으로 가로, 세로 2개의 선이 생깁니다. 안내선 위에 화살표를 움직여 조절할 수 있습니다.

## 실행 취소 최대 횟수 늘리기

실행 취소의 횟수를 늘리는 것은 실수하기 전의 슬라이드로 되돌리는 데 있어서 매우 중요합니다. 해당 기능을 설정하기 전에는 실행 취소 최대 횟수가 20번이 한계이나, 설정한 후에는 최대 150번까지 늘릴 수 있습니다.

**01**

상단 [파일 ▶ 옵션]을 클릭합니다.

**02**

[고급 ▶ 실행 취소 최대 횟수]를 '150'으로 설정합니다.

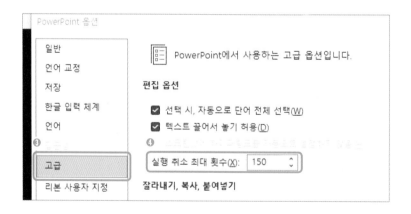

## 2장

# 파워포인트
# 디자인 감각 기르기

# 01

# 가독성

파워포인트 디자인에서 가장 중요한 것은 '가독성'입니다. 가독성은 자료를 쉽게 알아볼 수 있는 정도를 뜻하며 가독성이 높을수록 내용이 한눈에 들어옵니다.

## 꾸미려고 하지 마라, 필요한 요소만 넣자

파워포인트 디자인에서 가독성을 높이려면 여러 요소를 더하는 것이 아닌 빼는 것이 중요합니다. 꾸미고 싶다는 욕심을 버리고 PPT에 필요한 최소한의 요소만을 넣는 것이 가독성을 높이는 데 있어서 가장 좋은 방법입니다.

**NG** 불필요한 아이콘이 많아서 정작 보여 줘야 제목 텍스트는 잘 보이지 않습니다.

**파워포인트 디자이너 피공입니다.**

**GOOD** 제목에 필요한 아이콘과 텍스트만 넣어서 가독성을 높였습니다.

원하는 옷을 입어야 하는데 옷장에 옷이 많으면 원하는 옷을 찾기 어렵거나, 책장에 책이 많으면 원하는 책을 찾는 데 시간이 걸립니다. 가독성도 이와 마찬가지입니다. 꾸미는 데 정신이 팔려 여러 요소를 넣은 나머지 자료 전달이란 본질을 잊으면 가독성이 떨어집니다. GOOD 슬라이드처럼 최소한의 요소를 넣고 심플한 슬라이드를 만드는 것이 가독성을 높이는 방법입니다.

텍스트를 사용할 때 가장 중요한 것은 폰트 크기뿐만 아니라 자간과 행간을 상황에 맞게 설정해서 조절하는 것입니다. 자간은 글자와 글자 사이의 간격, 행간은 줄과 줄 사이의 간격을 뜻합니다. 자간과 행간이 넓으면 휑한 느낌을 주며, 반대로 자간과 행간이 좁으면 답답한 느낌을 줍니다. 자간과 행간을 설정하면서 텍스트의 가독성이 가장 높은 포인트를 잡는 것이 핵심입니다.

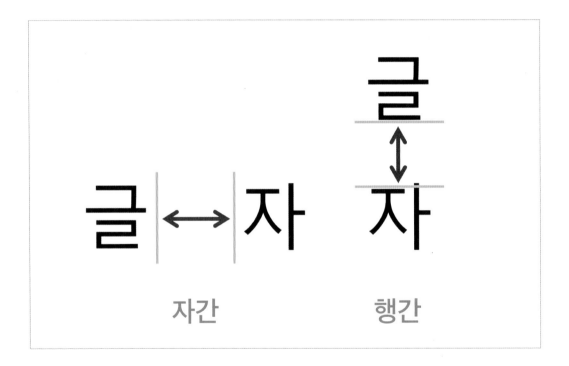

자간의차이를알수있게
적은예시텍스트입니다.
자간은글자와글자사이의
간격을뜻합니다.

자 간 의  차 이 를  알  수  있 게
적 은  예 시  텍 스 트 입 니 다.
자 간 은  글 자 와  글 자  사 이 의
간 격 을  뜻 합 니 다.

왼쪽 문단은 자간이 너무 좁아 글자를 읽기에 답답한 느낌을 줍니다. 오른쪽의 문단은 자간이 너무 넓어서 엉성해 보입니다.

자간의 차이를 알 수 있게
적은 예시 텍스트입니다.
자간은 글자와 글자 사이의
간격을 뜻합니다.

해당 문단은 적당한 자간 설정으로 읽기 쉬우며 가독성이 높습니다.

행간의 차이를 알 수 있게
적은 예시 텍스트입니다.
행간은 줄과 줄 사이의
간격을 뜻합니다.

행간의 차이를 알 수 있게

적은 예시 텍스트입니다.

행간은 줄과 줄 사이의

간격을 뜻합니다.

왼쪽의 문단은 행간이 좁아 비좁아 보이며 문장의 줄을 구분하며 알아보기 어렵습니다. 오른쪽의 문단은
행간이 넓어 문장을 바꿔 읽을 때마다 옮기는 시선의 이동 폭이 넓기 때문에 읽기에 힘이 듭니다.

행간의 차이를 알 수 있게
적은 예시 텍스트입니다.
행간은 줄과 줄 사이의
간격을 뜻합니다.

해당 문단은 적절한 행간으로 가독성이 높고 디자인적으로도 좋은 예시입니다.

파워포인트에 텍스트를 넣을 때, 처음 설정은 '자간: 0', '행간: 1'로 되어 있습니다. 처음 설정과 비교해 자간과 행간을 적당하게 맞춘 후 어떻게 달라지는지 보겠습니다.

행간, 자간을 설정하여
텍스트의 가독성을 비교해
알아보는 예시 텍스트입니다.

행간, 자간을 설정하여
텍스트의 가독성을 비교해
알아보는 예시 텍스트입니다.

Before(설정 전 텍스트)                    After(설정 후 텍스트)

Before에 비해 After가 한층 정리가 잘된 느낌이 나며, 보다 편하게 읽히는 것을 확인할 수 있습니다. 이처럼 텍스트의 가독성은 자간과 행간에 따라 달라집니다. 텍스트의 자간과 행간을 어떻게 설정해야 좋을지는 사용 폰트 및 폰트 크기에 따라 다릅니다. 그러나 일반적으로 처음 설정에 비해 텍스트의 자간을 좁히고 행간을 넓힙니다. 또한 폰트를 크게 키울 때는 자간과 행간을 점점 좁히며, 폰트를 작게 할 때는 자간과 행간을 점점 넓힙니다.

해당 슬라이드를 만들어보며 자간과 행간을 조절하겠습니다.

**텍스트의 자간, 행간을
맞춰보겠습니다.**

: 텍스트의 자간, 행간을 맞춰보겠습니다.

자간은 글자와 글자 사이의 간격,
행간은 줄과 줄 사이의 간격을 뜻합니다.

자간, 행간이 넓으면 휑한 느낌을 주며, 자간 행간이
좁으면 좁고 답답한 느낌을 줍니다.

해당 슬라이드를 통해, 적절한 자간, 행간을 맞춰
가독성을 높이는 연습을 해보겠습니다.

사용 색상

● 글자색(R=0, G=0, B=0, 코드: #000000)

● 포인트색(R=0, G=112, B=192, 코드: #0070C0)

**01**

파워포인트 창을
켜주세요.

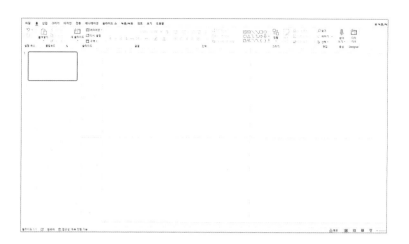

**02**

사용할 색상을 슬라이드
밖, 오른쪽 위에 배치해
주세요.

**03**

세로 안내선을 왼쪽으로
맞춰주세요.

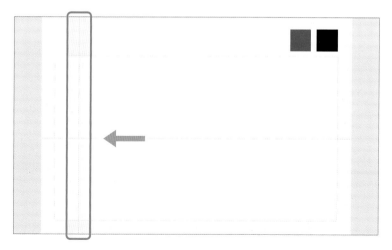

**04**

[삽입 ▶ 도형 ▶ 텍스트
상자]를 눌러주세요.
또는 [텍스트 상자 ▶ 가로
텍스트 상자 그리기]로도
텍스트 삽입이
가능합니다.

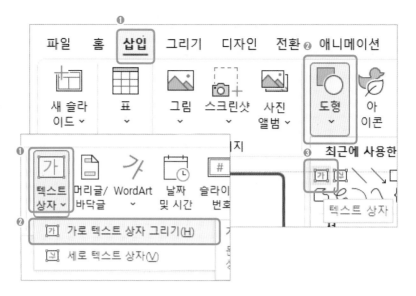

**05**

상단에 제목 텍스트를
삽입해 주고, 세로
안내선에 맞춰주세요.
[도형 서식 ▶ 텍스트
윤곽선 투명도 100%]로
설정하세요.

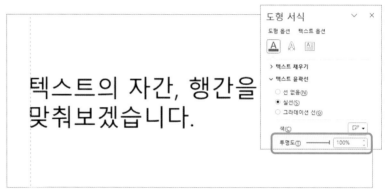

**06**

텍스트를 클릭한
상태에서 폰트 목록에서
[G마켓 산스 Bold]를
선택하고 폰트 목록 옆의
폰트 크기 설정 칸에서
36pt를 입력해 주세요.

**07**

텍스트를 클릭한
상태에서 [기타 간격]을
클릭합니다. [간격: 좁게,
값: 1.5pt]로 맞추고
확인을 눌러주세요.

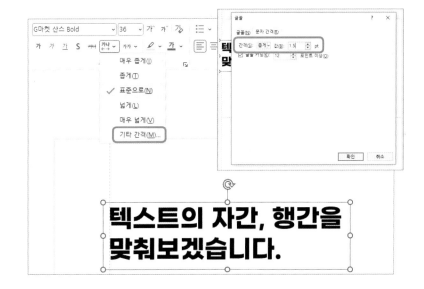

**08**

제목 텍스트의 자간이
조정되었습니다.

Tip  제목 텍스트의 행간은 기본 설정된 1로도 적절하기 때문에,
행간을 따로 변경하지 않습니다.

**09**

다음은 본문 텍스트의
자간, 행간을
맞춰보겠습니다.
제목 텍스트를 클릭한
상태에서 [Ctrl + Shift]를
이용해 아래로 복사해
주세요.

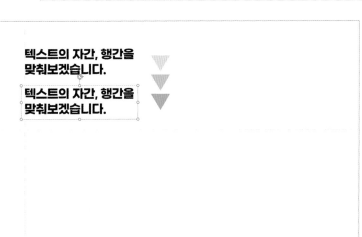

**10**

본문 텍스트의 폰트 종류를
[G마켓 산스 Medium,
16pt]로 바꿔주세요.

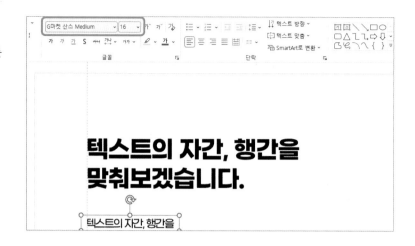

**11**

본문 텍스트의 자간을
[간격: 좁게, 값: 0.7pt]로
맞춰주고 확인을
눌러주세요.

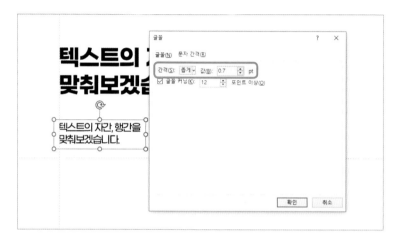

**12**

내용 텍스트의 자간이,
수정하기 전보다 좀 더
넓어짐을 알 수 있습니다.

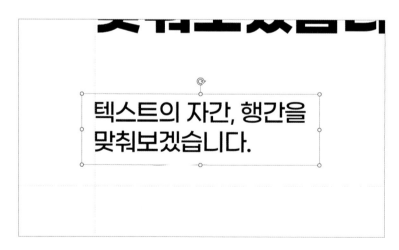

**13**

다음은 행간을
맞춰보겠습니다.
본문 텍스트를 클릭한
상태에서, 줄 간격에
들어가 [줄 간격 옵션]을
눌러주세요.

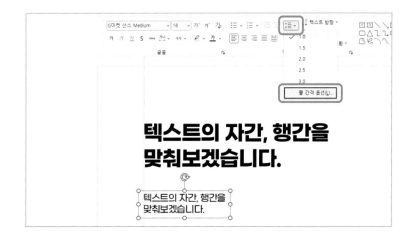

**14**

[줄 간격: 배수, 값: 1.2]
로 맞춰주세요.

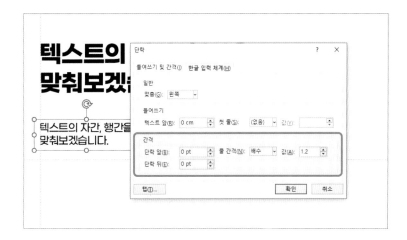

**15**

본문 텍스트의 행간이
넓어졌습니다. 본문
텍스트의 내용을 원하는
내용으로 적어주세요.

**16**

원하는 글자 부분을
드래그한 상태에서
스포이트 기능을 이용해
색상을 수정해 주세요.

**17**

전체 텍스트 박스를
드래그한 다음 오른쪽
마우스를 클릭하여
[그룹화 ▶ 그룹]으로
그룹화를 해주세요.

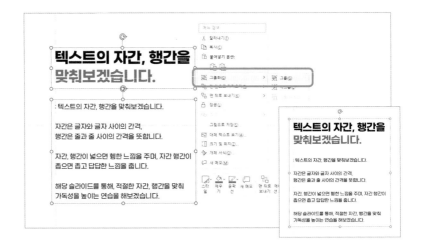

**18**

[중간 맞춤]으로
텍스트를 슬라이드
중간에 맞춰 완성합니다.

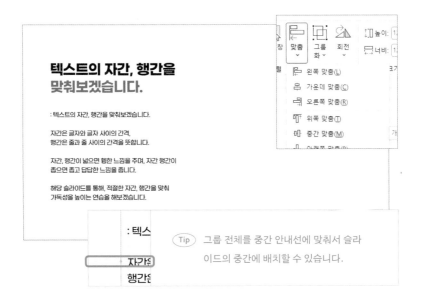

Tip 그룹 전체를 중간 안내선에 맞춰서 슬라
이드의 중간에 배치할 수 있습니다.

## 가독성이 높은 표지를 만들자

가독성 높은 표지는 성공적인 첫인상을 심어줄 수 있습니다. 간결하지만 원하는 주제를 핵심적으로 전달할 수 있는 표지를 만들어보겠습니다.

**파워포인트 디자이너** 피공입니다.

- 발표자 : 피공(@pigong_ppt) -

사용 색상

● 글자색(R=0, G=0, B=0, 코드: #000000)

● 포인트색(R=64, G=107, B=159, 코드: #406B9F)

**01**

빈 슬라이드를
만들어주세요.

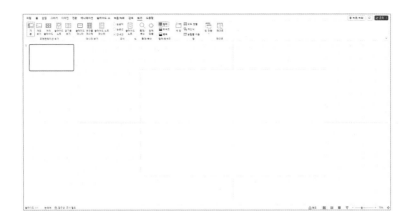

**02**

사용할 색상을 슬라이드
밖, 오른쪽 위에 배치해
주세요.

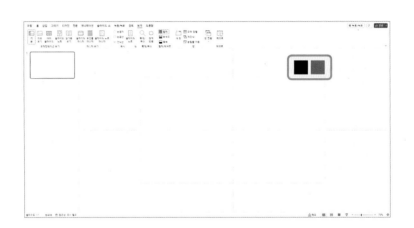

**03**

[삽입 ▶ 도형 ▶
텍스트 상자]를 클릭해
주세요.

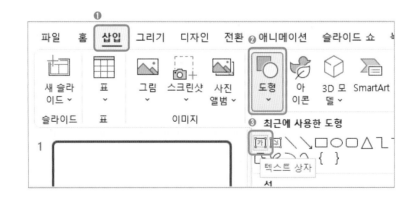

**04**

화면 빈 공간을 클릭해,
슬라이드에 텍스트를
작성해 주세요.

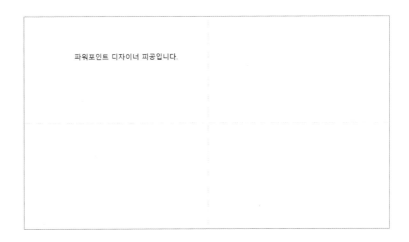

**05**

텍스트를 한 번 클릭한
상태에서 [정렬 ▶ 맞춤 ▶
가운데 맞춤, 중간 맞춤]
을 사용해 텍스트를
가운데로 옮겨주세요.

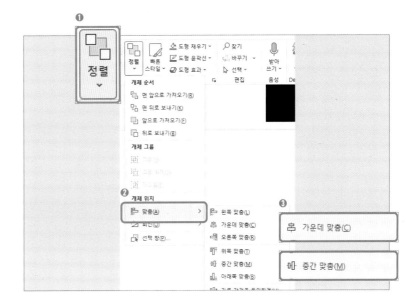

**06**

텍스트를 클릭한
상태에서 텍스트도
가운데 맞춤을 해주세요.

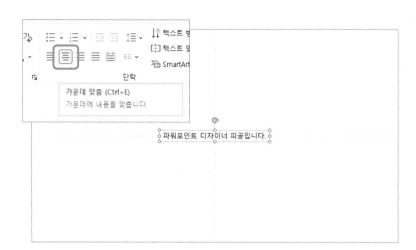

**07**

텍스트를 누르고 오른쪽
마우스를 클릭한 후
[도형 서식 ▶ 텍스트
옵션 ▶ 텍스트 윤곽선
▶ 실선]을 클릭하여
투명도를 100%로 설정해
주세요. 텍스트가 좀
더 선명하게 보이도록
합니다.

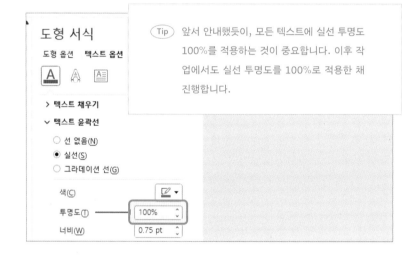

**08**

텍스트의 폰트와 크기를
원하는 대로 맞춰주세요.
[글꼴 ▶ 문자 간격 ▶
좁게 ▶ 1pt]로 자간을
조정합니다.

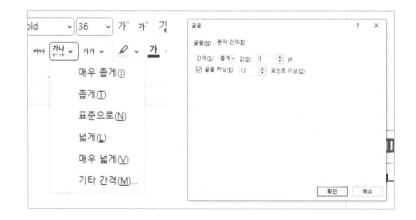

**09**

아이콘 사이트에서
원하는 아이콘을
다운받아 주세요.

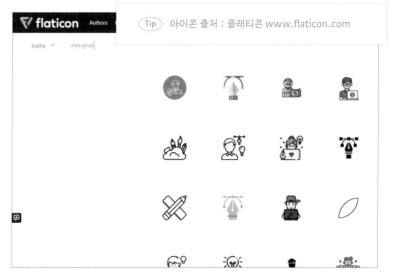

Tip  아이콘 출처 : 플래티콘 www.flaticon.com

**10**

다운받은 아이콘을 넣기
위해 [삽입 ▶ 그림 ▶
이 디바이스에서]로
아이콘을 불러와 제목
텍스트 위에 드래그하여
넣어주세요.

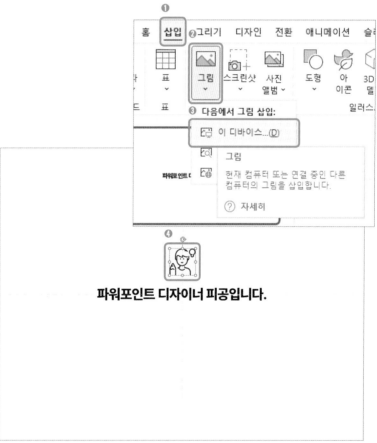

**파워포인트 디자이너 피공입니다.**

**11**

제목 텍스트를 클릭하고,
[Ctrl + Shift]를 누른 채
마우스를 클릭, 드래그
하여 아래로 텍스트를
복사해 주세요.

**파워포인트 디자이너 피공입니다.**
**파워포인트 디자이너 피공입니다.**

**12**

복사한 텍스트의 폰트와
크기 투명도를 조정해
주세요. 그리고 발표자의
이름을 넣도록 합니다.

**파워포인트 디자이너 피공입니다.**
- 발표자 : 피공(@pigong_ppt) -

제목 사용 폰트: Pretendard ExtraBold, 크기: 36pt
부제 사용 폰트: Pretendard Medium, 크기: 20pt, 투명도: 20%,
자간: 좁게 1pt

Tip  해당 텍스트와 대비해 제목 텍스트가 눈에 띌 수 있도록 글자의 크
기를 작게 하고 투명도를 넣었습니다.

**13**

포인트색으로 강조하고
싶은 부분의 색을
바꿔주세요.

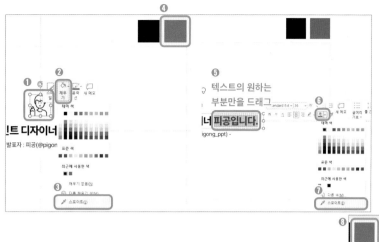

**14**

이렇게 해서 가독성이
좋은 깔끔한 표지를
완성했습니다.

# 02

# 색상

파워포인트에서 어울리는 색상을 고르는 것은 원하는 컨셉과 분위기를 연출하는 데 있어서 가장 중요합니다. 색상에 따라 깔끔함, 독특함 등 원하는 느낌을 줄 수 있습니다.

왼쪽 그림은 감자 색상을 활용한 슬라이드입니다. 감자가 가지고 있는 기본 색상을 활용함으로써 감자가 연상되는 슬라이드로 연출하였습니다.

왼쪽 그림은 무채색의 단조로운 색상을 활용한 슬라이드입니다. 무채색을 활용함으로써 고급스러운 느낌의 슬라이드를 만들었습니다.

# 조화로운 색상을 만들자

여러 색상을 설정했다 하더라도 각자의 색상이 서로 어울리지 않으면 어색한 느낌이 듭니다. 색상을 사용할 땐 기본적으로 서로가 조화로운 색상이어야 합니다.

조화롭지 않은 색상으로 구성되어 있어 부자연스러운 느낌이 듭니다.

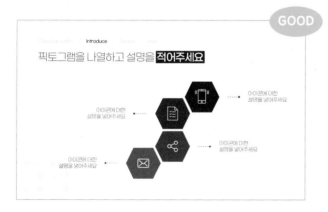

조화로운 색상으로 되어 있어 자연스러운 느낌을 줍니다. 색을 조화롭게 활용하기 어렵다면 무채색의 슬라이드를 만드는 방법을 추천합니다.

# 글자색에 포인트를 주자

배경색과 유사한 톤의 글자색을 사용하면 배경색에 묻혀 글자가 잘 읽히지 않습니다. 파워포인트는 자료를 전달하는 데에 가장 큰 목적성이 있으므로, 배경색과 글자색이 분리되어 보이는 색으로 설정하는 것이 중요합니다. 일반적으로 어두운 바탕색일수록 글자색과 포인트색은 밝은색으로, 바탕색이 밝을수록 글자색과 포인트색은 어두운색으로 설정합니다.

바탕색과 글자색, 포인트색이 서로 유사한 색상이기 때문에 눈에 띄지 않습니다.

바탕색에 비해 글자색(하얀색), 포인트색(연녹색)이 돋보이는 색상이기 때문에 눈에 띕니다.

하얀 바탕색은 직관적이고 깔끔한 느낌을, 은은한 바탕색은 고급스러운 느낌을 연출합니다.

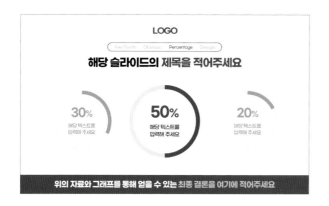

### 하얀 바탕

자료를 직관적으로 볼 수 있는 장점이 있으며 일반적인 발표에서 가장 많이 사용하는 방식입니다.

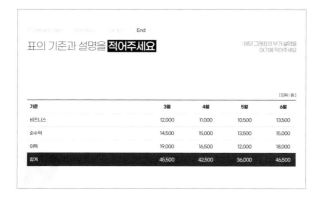

### 연한 회색 바탕

연한 회색과 같은 은은한 바탕색은 슬라이드를 고급스러운 느낌으로 연출합니다. 회사 내에서 자주 사용하는 방식입니다.

## 다른 이미지에 사용된 색상을 추출하자

파워포인트의 '스포이트' 기능을 이용해 다른 이미지가 가진 분위기를 그대로 연출하는 것이 가능합니다. 왼쪽에 있는 카드뉴스의 색상을 스포이트로 추출하여 오른쪽과 같은 슬라이드를 만들었습니다.

카드뉴스                              슬라이드

**01**

상단 메뉴에서
[삽입 ▶ 그림 ▶ 이
디바이스에서]를
클릭합니다.
저장되어 있는 이미지를
더블 클릭 또는 이미지
선택 후 [삽입]을
클릭합니다.

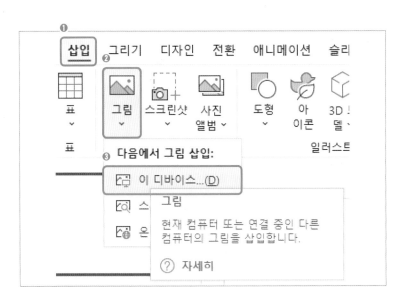

**02**

슬라이드에서
불러온 이미지
파일을 확인합니다.
불러온 이미지를
작업 화면 왼쪽으로
이동시켜주세요.

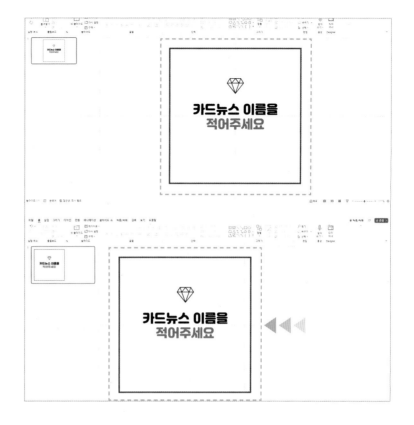

**03**

[삽입 ▶ 도형
▶ 직사각형]을 클릭해
주세요.

**04**

직사각형을 정사각형
여러 개로 만들어주세요.

Tip 사각형을 클릭하고 [Shift]를 누른 상태로 마우스를 드래그하면 정사
각형을 만들 수 있습니다. 도형을 클릭한 상태로 [Ctrl + Shift]를 누
른 채 마우스를 움직이면 상하좌우에 맞춰 복사할 수 있습니다.

**05**

정사각형 하나를 마우스
오른쪽 버튼으로
클릭하여 [도형 서식
▶ 채우기 ▶ 색 ▶
스포이트]를 클릭해
주세요. 스포이트를 누른
상태가 되면 마우스가
스포이트 모양으로
바뀝니다.

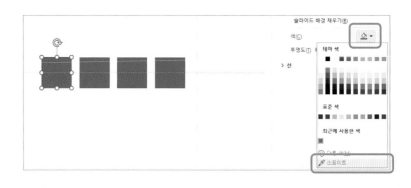

**06**

왼쪽 카드뉴스
이미지에서 스포이트로
변한 마우스를 대면
마우스를 가져다
댄 부분의 색상이
나타납니다. 이때
클릭하면 원하는 색상을
뽑아낼 수 있습니다.

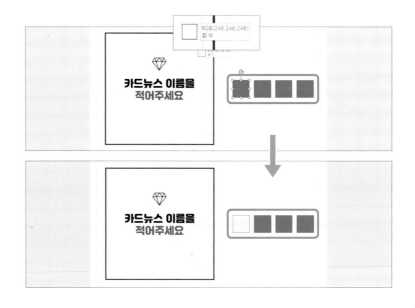

**07**

위의 방법으로 나머지
정사각형의 색상을
추출해 바꿔보세요.

**08**

추출한 색상을 사용해서
자신의 슬라이드에 맞게
사용해 보세요.

**동일 개체를 빠르게 복사하는 단축키 [Ctrl + D]**

짧은 시간 안에 여러 개체를 복사해야 할 때 유용한 단축키가 [Ctrl + D]입니다. 일반적인
복사와 달리 간격까지 동일하게 복사되는 장점이 있습니다.

**01**

도형 하나를 만들고,
[Ctrl + D]를 누르면 도형이
복사됩니다.

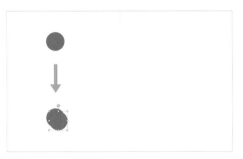

**02**

복사한 도형을 원하는 위치에
놓아주세요.

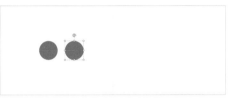

**03**

[Ctrl + D]를 누르면 간격까지
동일하게 복사가 됩니다.

**04**

다양한 슬라이드를 만들 수
있습니다.

## 로고에서 색상을 추출해라

기업 로고에서 색상을 추출해 포인트색으로 잡는 것만으로 그 기업의 이미지나 컨셉에 맞는 슬라이드를 만들 수 있습니다. 예시 슬라이드에서는 위와 같이 기업 로고를 왼쪽 상단에 배치하고 로고의 색상을 포인트색으로 잡아, 기업의 이미지와 컨셉에 어울리는 슬라이드로 만들었습니다.

회사 로고

로고 색상으로 만든 슬라이드

# 03

# 레이아웃

레이아웃은 각 구성 요소를 공간에 효과적으로 배치, 배열하는 것을 뜻합니다. 레이아웃에 따라 보여주고 싶은 자료의 순서를 설정할 수 있으며, 보다 효과적으로 중요도에 따른 의미를 전달하기도 합니다.

## 왼쪽에서 오른쪽으로, 위에서 아래로

글을 읽을 때 왼쪽에서 오른쪽으로, 위에서 아래로 읽듯이 파워포인트에서도 마찬가지입니다. 각 요소를 어떻게 배치하느냐에 따라 무엇을 먼저 보여줄 것인지가 달라집니다. 발표자가 원하는 형태로 파워포인트의 레이아웃을 구성할 수 있기 때문에 발표에서 강조하고 싶은 내용을 먼저 찾아내는 것이 중요합니다.

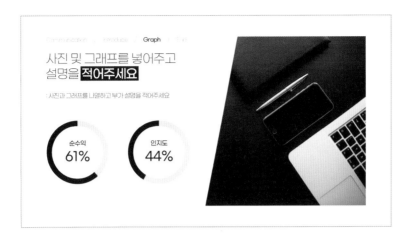

위의 슬라이드 레이아웃은 왼쪽에 내용, 오른쪽에는 사진이 배치되어 있어 왼쪽에서 배치된 내용을 먼저 읽고, 사진이 나중에 보이게 됩니다.

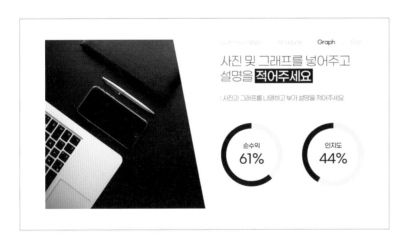

위의 슬라이드 레이아웃은은 왼쪽에는 사진, 오른쪽에는 내용이 배치되어 있어 시선의 흐름 상 사진이 먼저 보이고 내용을 나중에 읽게 됩니다. 강조하고자 하는 내용이 사진과 글 중 어떤 것인지 파악한 후에 원하는 레이아웃을 설정하면 됩니다.

# 사진 배치에 따른 레이아웃의 차이점

아래처럼 두 개의 슬라이드를 만들어 배치를 바꾸면서 각 레이아웃의 차이점을 알아보겠습니다.

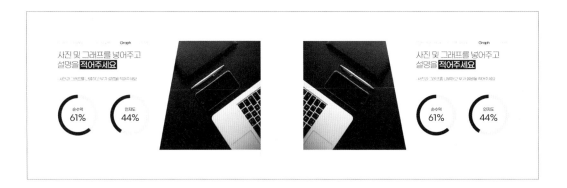

사용 색상

○ 배경색(R=249, G=248, B=253, 색상 코드: #F9F8FD)

● 글자색(R=38, G=38, B=38, 색상 코드: #262626)

○ 그래프 바탕색(R=218, G=217, B=221, 색상 코드: #DAD9DD)

**01**

위와 같이 안내선 및
색상을 설정합니다.
배경색은 미리
설정했습니다.

**02**

슬라이드 상단에
안내선에 맞춰 왼쪽부터
텍스트를 작성해 줍니다.

**03**

[삽입 ▶ 도형 ▶ 선]을
선택하여 목차 사이에
넣어주세요. [Ctrl +
Shift]을 누른 상태에서
마우스로
여러 개를 복사했습니다.
[도형 서식 ▶ 맞춤 ▶
가로 간격을 동일하게]를
사용해 서로의 간격도
동일하게 맞췄습니다.

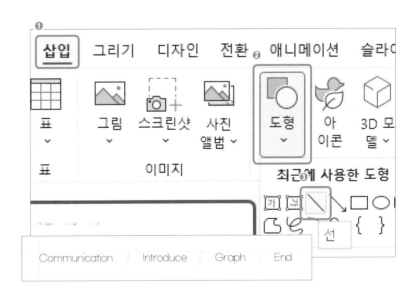

**04**

원하는 목차(Graph)를
제외한 나머지 텍스트와
선의 투명도를 50%로
만들어주세요. 원하는
목차에는 굵은 폰트로
변경해 주세요.

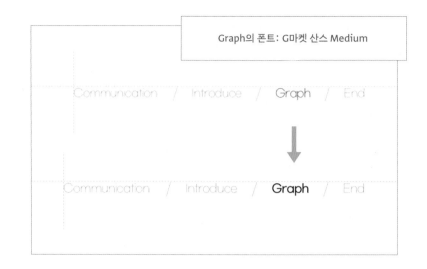

**05**

목차 아래 제목 텍스트를
작성합니다. 제목에서
원하는 부분을 강조하기
위해서 굵은 글씨체로
변경합니다.

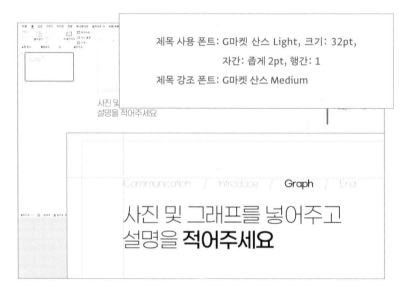

**06**

굵은 글씨를 더욱
강조하기 위해서 원하는
부분에 직사각형 도형을
넣어주세요.

**07**

직사각형을 마우스
오른쪽 버튼으로 클릭한
뒤 [맨 뒤로 보내기]를
클릭하여 제일 뒤로
보내주세요. 직사각형과
겹쳐진 텍스트의 색을
배경색으로 맞춰주세요.

**08**

다른 텍스트와 그래프를
배치해 주세요.
(그래프 만들기
p.116 참고)

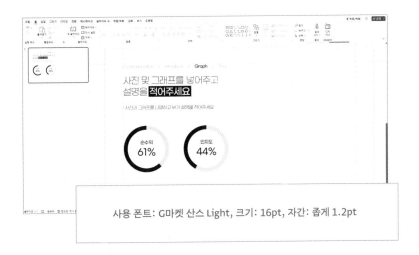

사용 폰트: G마켓 산스 Light, 크기: 16pt, 자간: 좁게 1.2pt

**09**

[삽입 ▶ 그림 ▶
이 디바이스에서]에서
원하는 사진을
불러옵니다.
사진 위에 마우스 오른쪽
버튼을 클릭한 후
[자르기]를 이용해 왼쪽
부분을 잘라주세요.

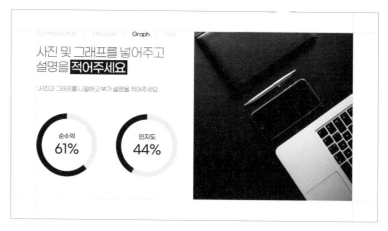

10

사진을 비스듬하게
잘라주기 위해 [삽입 ▶
도형 ▶ 직각 삼각형]으로
삼각형을 넣어주세요.

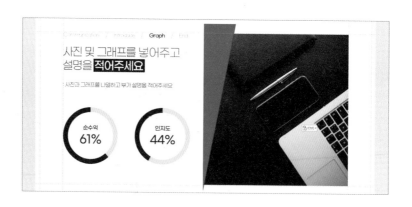

**11**

[Ctrl]을 누른 상태에서
사진과 삼각형을 연달아
클릭한 채로 상단
[도형 서식 ▶ 도형 병합 ▶
빼기]를 클릭해 주세요.

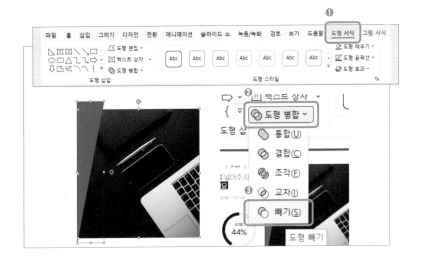

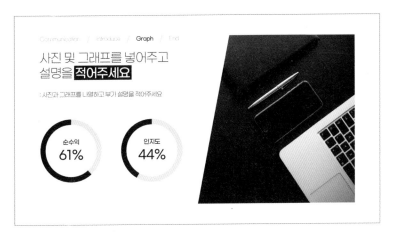

**12**

해당 슬라이드를 보면
아래와 같은 순서로
읽히게 됩니다.

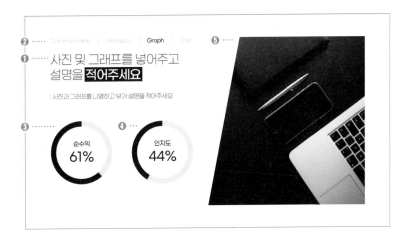

이번에는 순서를 바꿔 사진을 먼저 보고 그 후 제목과 내용을 읽는 레이아웃 슬라이드를 만들어보겠습니다. 앞에서 완성된 슬라이드에서 개체들의 배치만 수정하겠습니다.

**01**

사진을 클릭한 상태에서
[정렬 ▶ 회전 ▶ 좌우 대칭]
을 클릭합니다.

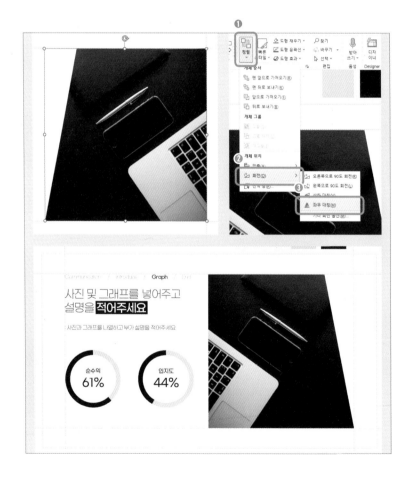

**02**

사진, 텍스트 등의
구성 요소의 위치를
옮겨줍니다.

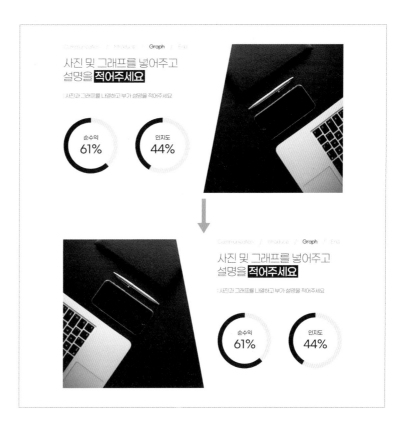

**03**

다음과 같은 순서로
읽히게 됩니다.

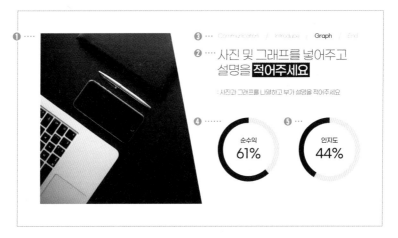

# 04

# 여백

여백은 남는 공간을 뜻하기에 불필요한 요소라고 생각하기 쉽습니다. 그러나 여백은 디자인에 있어서 매우 중요한 요소입니다. 여백의 성질을 어떻게 사용하느냐에 따라 슬라이드의 디테일이 달라지며, 중점적인 느낌과 보조적인 느낌, 그리고 개체 간의 연관성을 나타내기도 합니다.

**[ 모든 요소(아이콘+텍스트)를 강조한 카드뉴스 슬라이드 ]**

해당 카드뉴스 슬라이드는 아이콘과 텍스트가 한 그룹으로 묶어, 슬라이드의 중심에 있기 때문에 아이콘과 텍스트가 함께 핵심적인 느낌을 줍니다.

상하 여백 통일          좌우 여백 통일

**[ 텍스트를 강조한 카드뉴스 슬라이드 ]**

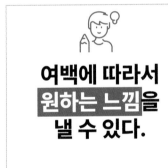

해당 카드뉴스 슬라이드는 아이콘이 중심에서 멀리 떨어져 있어 아이콘은 보조적인 느낌을 내며, 텍스트는 중심에 위치해 있기 때문에 상하좌우 여백이 통일되어 텍스트가 더욱 잘 보입니다. 원하는 요소가 슬라이드의 중심에 가까울수록 여백이 동일하게 되어가면서 중점적인 느낌을, 슬라이드의 중심에 멀어질수록 여백이 다르게 되면서 보조적인 느낌이 연출됩니다.

상하 여백이 텍스트를 중심으로 통일

좌우 여백 통일

# 적당한 여백을 가지는 것이 중요하다

여백은 디테일에 있어서 매우 중요한 성질입니다. 슬라이드의 모든 요소를 넣을 때도 아래와 같은 여백의 성질을 고려하며 맞출수록 퀄리티가 높아집니다.

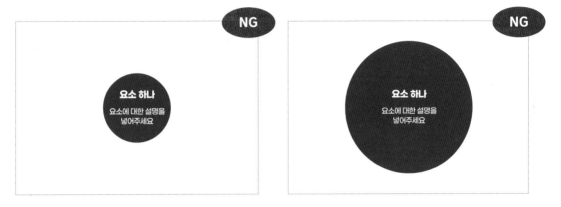

왼쪽의 이미지는 텍스트의 크기에 비해, 들어간 원이 작기 때문에 비좁은 느낌이 듭니다. 오른쪽의 이미지는 텍스트의 크기에 비해 들어간 원이 크기 때문에 허전한 느낌을 줍니다.

텍스트의 크기에 맞는 적당한 크기의 원을 넣음으로써, 보기 좋고 안정감 있는 느낌을 줍니다. 심플한 형식의 슬라이드라도, 보기 좋게 여백을 맞출수록 디테일이 높은 슬라이드로 보일 수 있습니다.

## 개체의 여백을 확인하자

화면 전체의 여백만이 아닌 각 개체 간의 여백에 따라서도 큰 차이가 있습니다. 요소 간의 여백이 적으면 비좁은 느낌이 나며, 반대로 여백이 많으면 동떨어진 느낌이 납니다.

**NG**

각 요소 간의 여백이 좁기 때문에 비좁은 느낌이 납니다.

**NG**

요소 간의 여백이 넓기 때문에 동떨어진 느낌이 납니다.

**GOOD**

각 요소 간의 충분한 여백이 있기 때문에 알아보기 편합니다.

## 여백을 활용해 그룹을 만들자

여백을 제대로 활용한다면 여러 개체를 모아 그룹을 만들 수도 있고 반대로 개체를 흩어지게 함으로써 그룹을 나눌 수도 있습니다. 개체 간의 거리가 가까워질수록 연관성이 강해 보이기 때문에 하나의 그룹으로 보이며, 반대로 개체 간의 거리가 멀수록 연관성이 낮아 보이기 때문에 여러 그룹으로 인식하게 됩니다.

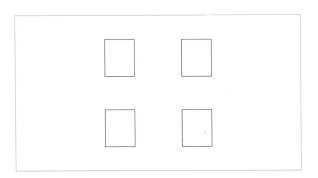

4개의 직사각형 사이의 여백이 좁기 때문에, 한 그룹으로 묶여 있다는 느낌이 듭니다.

직사각형 사이의 여백이 서로 넓기 때문에, 나누어져 있다는 느낌을 줍니다.

안내선과 정렬 기능은 각 요소의 여백을 통일시키는 데 중요한 기능입니다. 여백을 활용해 그룹을 만들고, 나누는 법을 익히며 슬라이드를 만들어보겠습니다.

사용 색상

○ 배경색(R=255, G=255, B=255, 색상 코드: #FFFFFF)

● 글자색(R=41, G=41, B=41, 색상 코드: #292929)

● 포인트색(R=90, G=129, B=250, 색상 코드: #5A81FA)

## [ 안내선 넣기 ]

**01**

안내선 및 색상을 다음과
같이 설정해 주세요.

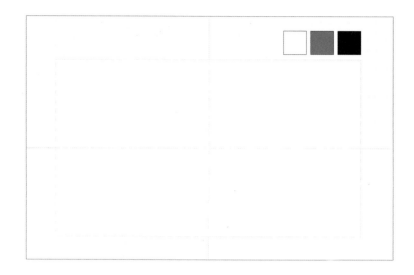

**02**

세로 안내선에 마우스
오른쪽 버튼을 클릭하여
[세로 안내선 추가]를
클릭하면 세로 안내선이
2개가 됩니다.

**03**

세로 안내선을
좌우 동일하게
옮기겠습니다(마우스를
클릭한 상태에서
옮길 수 있습니다).
세로 대각선 1개를
왼쪽으로 옮겨주세요.
세로 안내선을 옮길
때 왼쪽으로 옮기면
가운데를 기준으로 몇
센티가 옮겨졌는지
나옵니다.

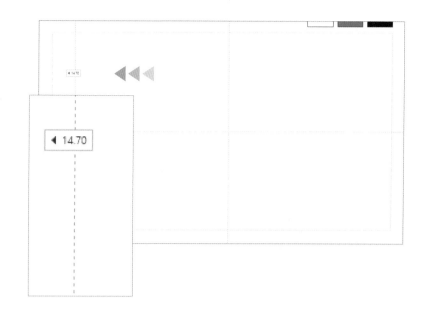

**04**

나머지 세로 대각선도
오른쪽으로 옮겼습니다.
마찬가지로 가운데를
기준으로 몇 센티가
이동했는지 나옵니다.
동일한 간격으로
맞춰주세요.

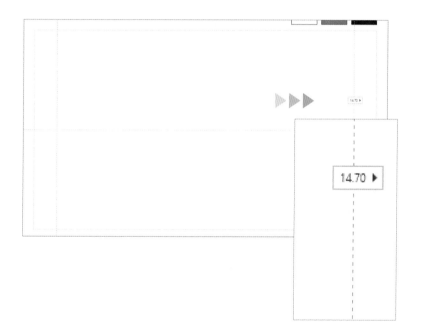

**05**

가로 안내선도 추가하기
위해 가로 안내선에
마우스 오른쪽 버튼을
클릭하여 [가로 안내선
추가]를 클릭합니다.

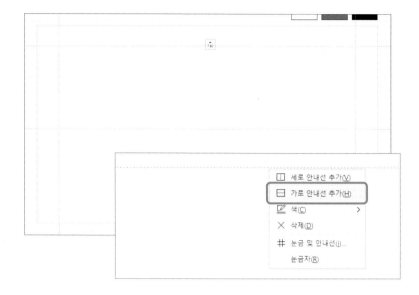

**06**

세로 안내선과
마찬가지의 방식으로
가로 안내선 하나를 위로
올려주고 상하 동일
간격으로 나머지 1개도
아래로 옮겨주세요.

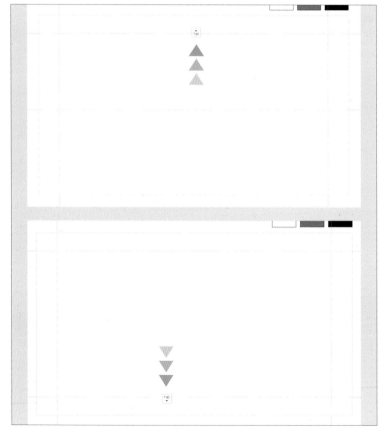

**07**

이렇게 해서 전체적인
여백을 맞추기 위해
안내선 배치가
완료되었습니다.

**08**

배치된 안내선에 맞게
자료를 넣어보겠습니다.
안내선에 맞춰 제목과
내용의 텍스트를
작성합니다.

**여백을 이용해 그룹을
맞춰보겠습니다.**

여백을 이용해 원하는 요소들을 합쳐
여러 개의 그룹으로 만든 후, 여백을 이용해
그룹을 구분하겠습니다.

제목 폰트: G마켓 산스 Bold, 크기: 32pt,
자간: 좁게 1.5pt, 왼쪽 맞춤
내용 폰트: G마켓 산스 Medium, 크기: 16pt,
자간: 좁게 0.8pt, 행간: 1.1, 오른쪽 맞춤

## [ 여백 조정하기 ]

**09**

상단 바에서 [삽입 ▶ 도형
▶ 타원]을 클릭합니다.

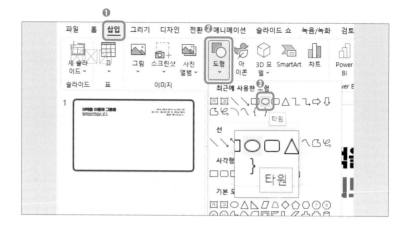

**10**

[Shift]를 누른 상태에서
마우스로 드래그해 주면
지름이 일정한 원이
생성됩니다.

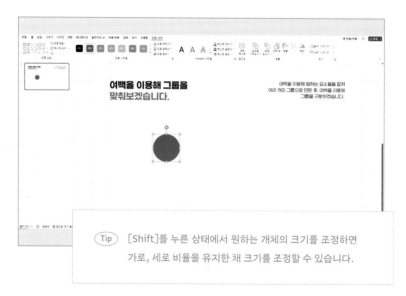

> Tip  [Shift]를 누른 상태에서 원하는 개체의 크기를 조정하면
> 가로, 세로 비율을 유지한 채 크기를 조정할 수 있습니다.

**11**

원의 색상을 원하는
색상으로 바꿔주세요.

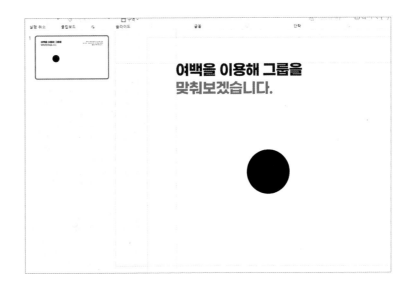

**12**

원을 마우스로 클릭한
상태로 [Ctrl + Shift]를
누른 채 마우스를
이동하여 서로 맞대어
있는 원을 복사해 주세요.

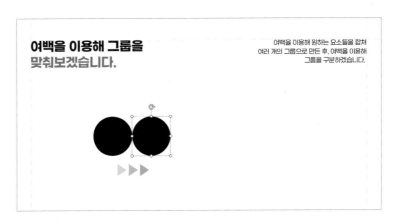

**13**

마찬가지로 2개의 원을
아래로 복사해서 4개의
원을 만들어주세요.

Tip 개체 사이의 거리가 좁기 때
문에 여러 개의 개체가 하나
의 그룹으로 보이는 여백의
성질을 알 수 있습니다.

**14**

4개의 원을 드래그한 후
마우스 오른쪽 버튼을
클릭하여 [그룹화 ▶
그룹]을 눌러주세요.

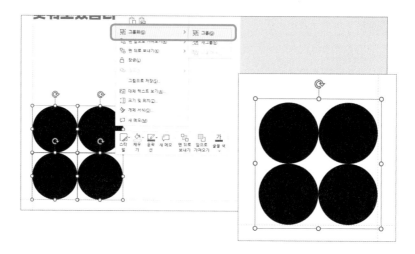

**15**

[Ctrl + Shift]를 누른
채 마우스로 이동하여
가로에 맞춰 3개로
복사해 주세요.

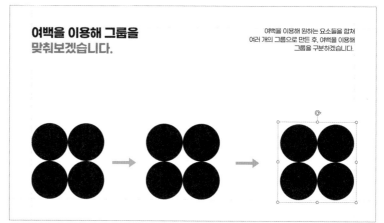

**16**

가운데 그룹에서, 그룹
안의 원을 선택한 다음
[Backspace] 키를 눌러
삭제해 주세요.

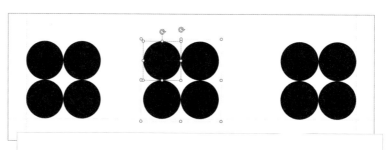

Tip) 그룹화로 묶인 개체들 중 하나의 개체만을 선택하고 싶을 때, 마우스
를 두 번 클릭하면 그룹화를 유지하면서 선택이 가능합니다.

**17**

가운데 그룹의
원이 2개가 되도록
만들어주세요.

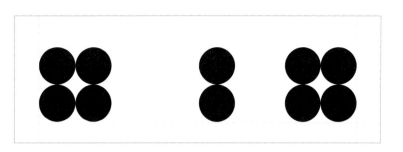

**18**

전체를 드래그한 다음
[정렬 ▶ 맞춤 ▶
가로 간격을 동일하게]로
그룹화된 3개의 그룹의
가로 간격을 동일하게
만들어주세요.

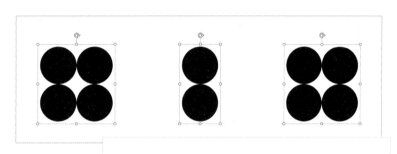

Tip  개체 사이의 거리가 멀수록 여러 그룹으로 나누어
져 보이는 여백의 성질을 알 수 있습니다.

**19**

오른쪽 원 그룹을
포인트색으로
바꿔주세요.

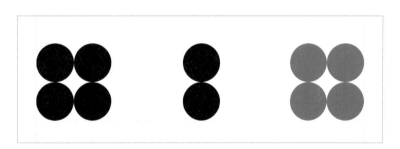

**20**

다음은 화살표를
넣겠습니다. 화살표는
자료의 순서 및 방향을
안내하는 역할을 합니다.
[삽입 ▶ 도형 ▶ 자유형:
도형]을 클릭해 주세요.
[Shift]를 누른 상태에서
마우스로 아래와 같은
순서로 3번 클릭합니다.

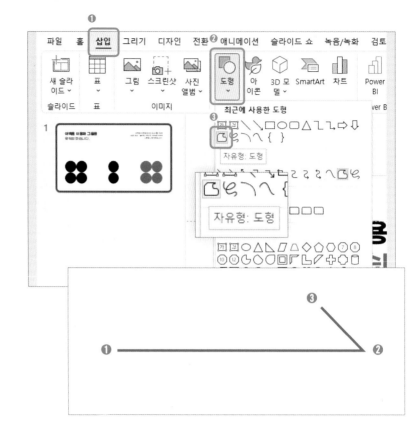

**21**

화살표를 마우스 오른쪽
버튼으로 클릭하여
[도형 서식 ▶ 선 ▶
너비]를 3pt로 설정하고,
색상은 글자색으로
변경해 주세요.

**22**

화살표를 복사해
만들어 오른쪽과 같이
놓아주세요.

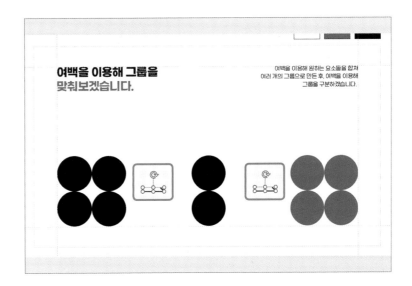

**23**

여기에서 3개의 그룹과
2개의 화살표를 드래그해
[정렬 ▶ 맞춤 ▶ 가로
간격을 동일하게]로
적용해 주세요.
가로 간격이 정렬된 것을
볼 수 있습니다.

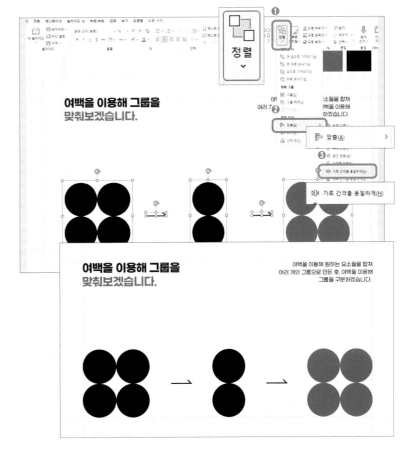

## [ 구분선 넣기 ]

**24**

다음은 구분선을
만들겠습니다. 구분선은
선을 기준으로 공간을
분리해 자료가 분리되는
역할을 합니다. 개체
사이가 가까워 구분이
되지 않는다면 구분선을
넣어보세요.

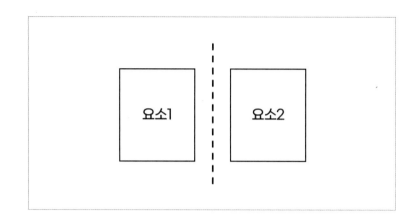

상단 바의 [삽입 ▶ 도형
▶ 선]을 클릭해 주세요.
[Shift]를 누른 상태로
마우스 선을 삽입하면
아래처럼 가로 선을 만들
수 있습니다. 여기에서
중요한 것은 선의 길이를
개체에 맞게 맞추는
것입니다.

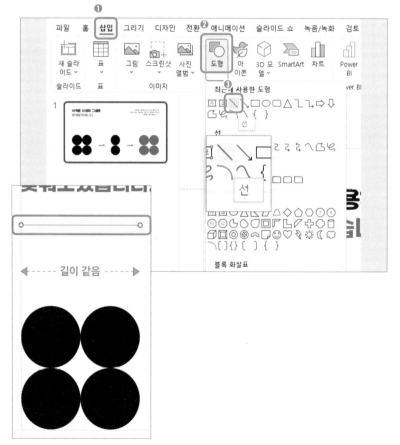

**25**

[도형 서식 ▶ 선 ▶ 실선]
에서 색상을 글자
색상과 동일하게
수정하고 너비를 3pt로
지정합니다.

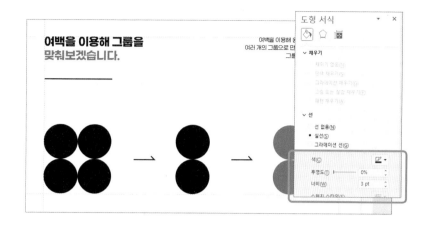

**26**

위와 같은 방법으로 개체
위의 구분선을 모두
만들어줍니다.

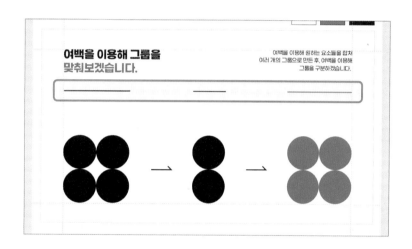

**27**

마지막으로 텍스트를
작성하여 완성합니다.

# 3 장

# 파워포인트
# 완성도 높이기

# 01

# 그래프

그래프는 자료를 분석하여 자료의 통계나 변화를 한눈에 알아보는 좋은 자료입니다. 텍스트보다 시각적으로 명료하게 정보를 전달하여 파워포인트에서 유용하게 사용합니다. 이번 파트에서는 원형 그래프와 막대 그래프를 만드는 방법을 알아보겠습니다.

## 그래프는 '도형' 기능으로 -막대 그래프-

파워포인트 내의 그래프 기능은 수정하기 번거로우며 다양한 디자인을 적용시키기 어렵다는 단점이 있습니다. 그러므로 파워포인트의 그래프를 '도형' 기능으로 만드는 방법을 알아보겠습니다.

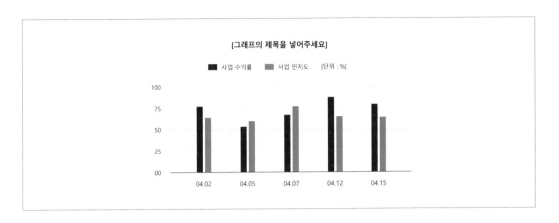

막대 그래프는 자료와 기준이 많을 때 사용하는 그래프입니다. 개별 수치를 비교, 대조할 때 사용하면 좋습니다.

사용 색상

● 그래프색 1(R=64, G=64, B=64, 색상 코드: #404040)
● 그래프색 2(R=136, G=136, B=136, 색상 코드: #888888)
● 글자색 및 선색(R=38, G=38, B=38, 색상 코드: #262626)

**01**

슬라이드를 열고
[삽입 ▶ 도형
▶ 선]으로 긴 가로선을
만들어줍니다. 너비는
1pt로 조정합니다.

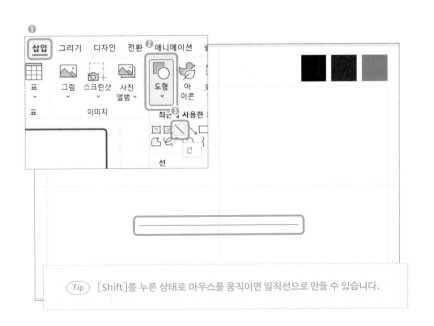

Tip [Shift]를 누른 상태로 마우스를 움직이면 일직선으로 만들 수 있습니다.

**02**

[Ctrl + Shift]를 누른 채
아래로 당겨 5개의 선이
되도록 복사해 주세요.

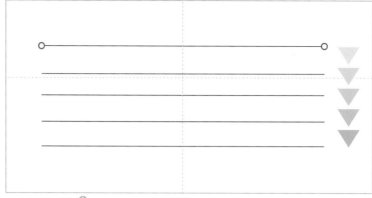

**03**

모든 선을 드래그한
상태에서 [정렬 ▶ 맞춤 ▶
세로 간격 동일하기]를
클릭해 주세요.

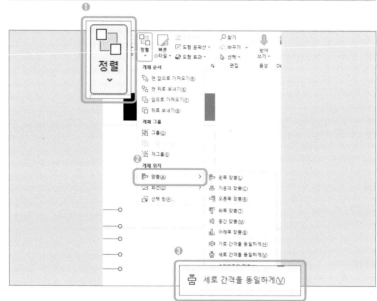

**04**

선의 세로 간격이
일정하게 바뀌면
맨 아래의 선을 제외한
나머지 선을 드래그한 후,
마우스 오른쪽 버튼을
클릭하고 [개체 서식]에
들어가 주세요.

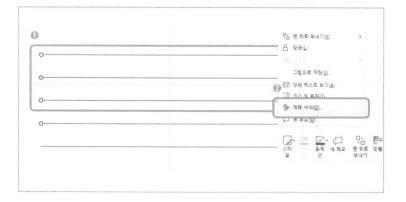

**05**

[선 ▶ 실선 ▶ 투명도
60%, 너비 0.5pt]로
설정해 주세요.
아래와 같이 맨 마지막
선을 제외한 나머지 선이
얇아지고, 색이 옅어지게
됩니다.

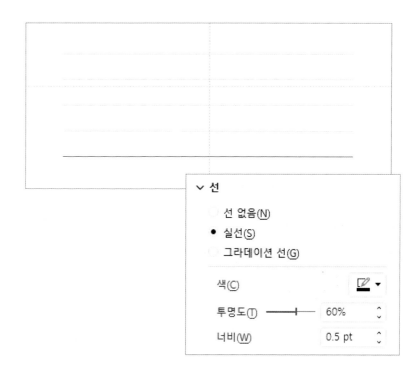

**06**

왼쪽 여백에 단위 수치를
작성합니다. 왼쪽 아래를
기준으로 퍼센트를
나타내는 숫자를 작성한
후에, 선에 맞춰서 동일한
간격으로 숫자를 복사해
주세요.

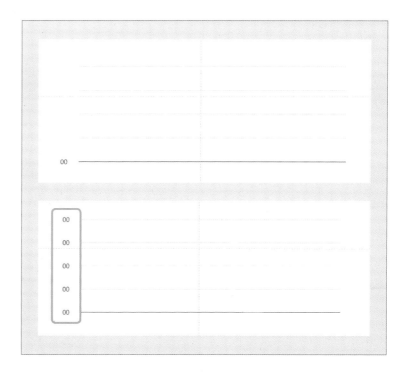

원하는 기준에 맞춰
수치를 수정해 주세요.

[삽입 ▶ 도형 ▶ 직사각형]
으로 직사각형을
만들어주세요. 맨 아래
선을 기준으로 맞춰서
배치합니다.

[Ctrl + Shift]를 누른
상태에서 마우스를 클릭한
채로 복사해 이동합니다.

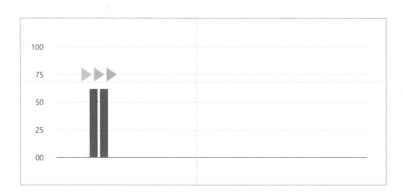

**10**

직사각형 2개를 드래그한 다음, 마우스 오른쪽 버튼을 클릭하여 [도형 서식 ▶ 선 ▶ 선 없음]을 클릭해 주세요.

**11**

직사각형 하나를 클릭해 원하는 색 (그래프색 1)으로 바꿔주세요. 나머지 직사각형 1개도 원하는 색(그래프색 2)으로 바꿔주세요.

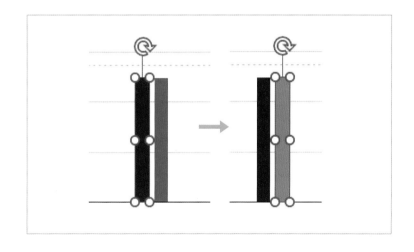

**12**

직사각형 2개를 드래그한 상태에서 마우스 오른쪽 버튼 클릭 [그룹화 ▶ 그룹]을 클릭하여 그룹으로 묶어주세요.

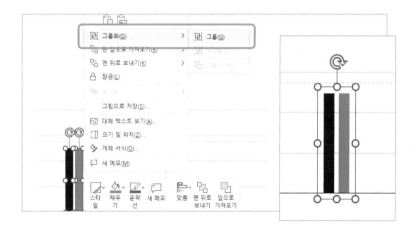

**13**

원하는 개수만큼
개체를 클릭하고
[Ctrl + Shift]를 누른 채
이동하여 복사합니다.

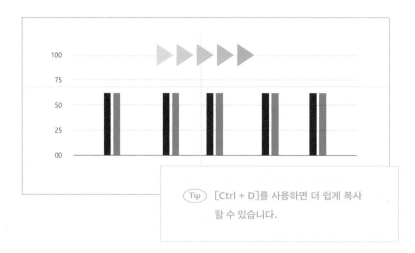

Tip  [Ctrl + D]를 사용하면 더 쉽게 복사
할 수 있습니다.

**14**

그래프 그룹을 전부
드래그한 상태에서
[정렬 ▶ 맞춤 ▶
가로 간격을 동일하게]를
클릭하여 서로 동일한
간격으로 나열해 주세요.

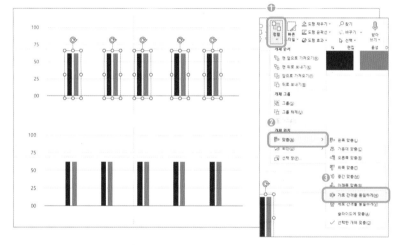

**15**

그래프 하단에 원하는
원하는 기준 텍스트를
작성합니다. 마찬가지로
텍스트를 복사한 후
[정렬 ▶ 가로 간격을
동일하게]로 간격을
맞춰주세요.

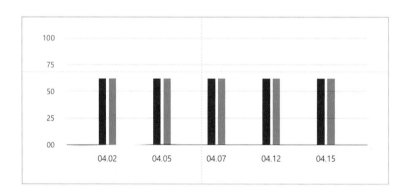

**16**

원하는 직사각형을 더블
클릭하면 그룹 내 원하는
직사각형의 길이를
변경할 수 있습니다.
원하는 수치에 맞게 막대
그래프의 수치를 변경해
주세요.

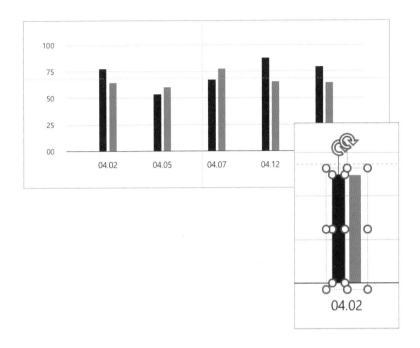

**17**

상단에 그래프의 제목
및 기준을 적어주면
완성됩니다.

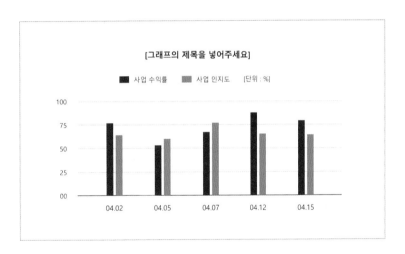

## 그래프는 '도형' 기능으로 -원형 그래프-

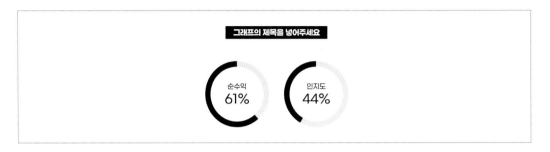

원형 그래프는 자료와 기준이 적을 때 사용하는 그래프입니다. 전체 구성 비율을 표현할 때 사용하면 좋습니다.

사용 색상

● 그래프색 및 글자색(R=38, G=38, B=38, 색상 코드: #262626)

◐ 그래프 바탕색(R=218, G=217, B=221, 색상 코드: #DAD9DD)

**01**

슬라이드를 열고
[삽입 ▶ 도형 ▶ 원형:
비어 있음]을 클릭하여
도넛 모양의 원형을
만들어주세요.

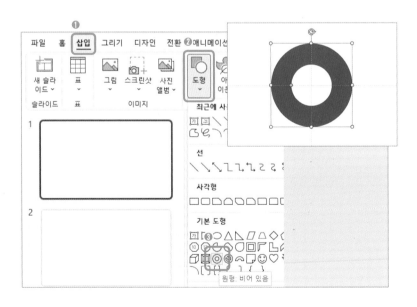

02

원형 안에 있는 노란색
점을 클릭해 원형의
굵기를 조절합니다.

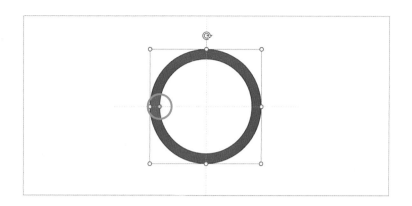

03

도형을 마우스 오른쪽
버튼으로 클릭하여
[도형 서식 ▶ 채우기
▶ 단색 채우기 ▶ 선 ▶
선 없음]으로 설정하여
색상과 테두리를 변경해
줍니다.

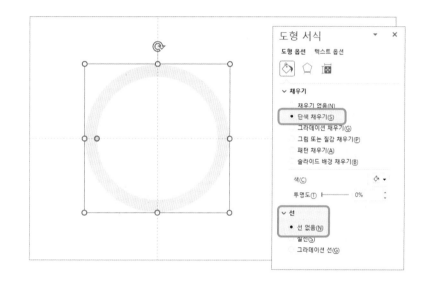

04

[삽입 ▶ 도형 ▶ 막힌
원호]를 클릭해 주세요.
기존 원형에 맞춰서
삽입해 줍니다.

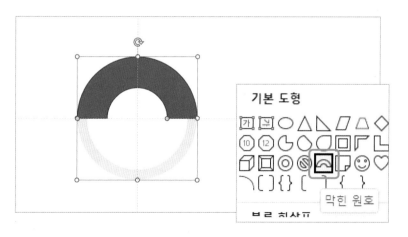

## 05

회전 버튼을 클릭해
왼쪽으로 90°
회전시켜 주세요.

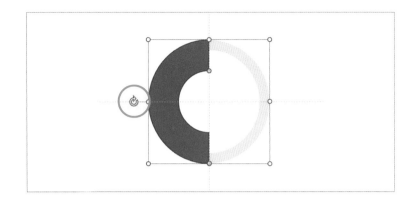

[도형 서식 ▶ 채우기 ▶
단색 채우기 ▶ 선 ▶
선 없음]으로
설정합니다.

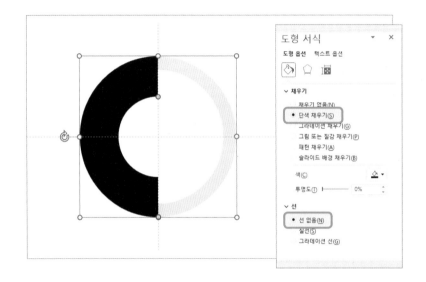

노란색 점 2개를 조정해
원하는 수치에 맞게
설정할 예정입니다.
첫 번째 노란색 점을
클릭해 막힌 원호의
두께를 기존 원형에 맞게
조정해 주세요.

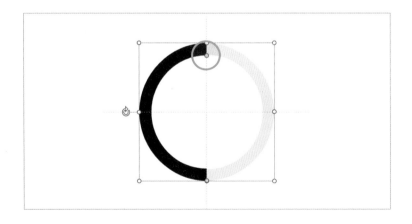

**08**

두 번째 노란색 점을
클릭해, 막힌 원호의
길이를 원하는 수치에
맞게 설정해 주세요.

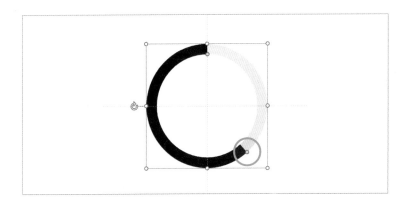

**09**

그래프 안 쪽에 원하는
텍스트와 수치를
넣어주세요.

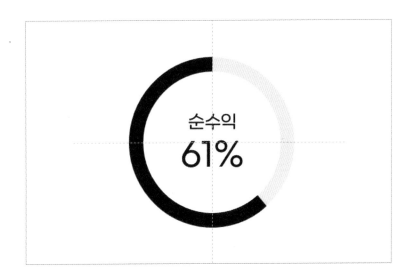

**10**

그래프를 복사하고 위에
제목을 넣으면 다음과
같은 원형 그래프가
완성됩니다.

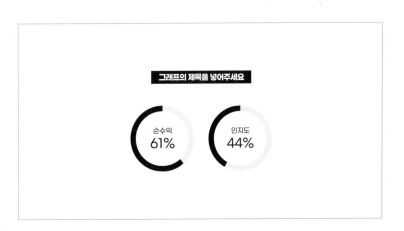

# 02

# 표

표를 이용하면 자료를 일목요연하게 정리해서 발표할 수 있습니다. 그래프는 데이터를 간략하고 시각적으로 멋있게 표현할 수 있는 장점이 있지만, 표는 그래프로 표현하기 어려운 많은 자료나 수치를 표현할 수 있습니다.

## 편리하게 만들려면 '표' 기능을, 디자인을 강조하려면 '도형'을

표를 만드는 방법은 두 가지로 나뉩니다. 첫 번째 방법은 파워포인트 내의 '표' 기능을 이용하는 것입니다. 표 기능을 이용하면 편리하게 만들 수 있지만, 디자인적으로 한계가 있습니다. 그럴 땐 두 번째 방법으로 도형 '선'과 '직사각형'을 이용하게 됩니다.

**'표' 기능으로 만든 표**

표 기능을 이용하여 만든 슬라이드는 디자인적으로 꾸밈은 없지만 기능적으로는 쉽게 만들 수 있고 군더더기 없는 깔끔한 디자인으로 완성됩니다.

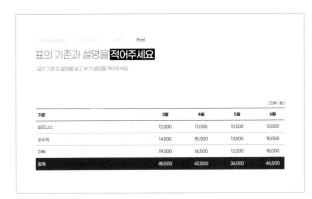

**'도형'으로 만든 표**

도형 '선'과 '직사각형'을 이용해 만든 표입니다. 첫 번째 표와 비교해 보면 디자인적으로 훨씬 보기 좋게 만들어졌습니다.

# 선은 구분하는 역할을 한다

표의 테두리 선은 자료를 구분하는 역할을 합니다. 표 내에서 자료를 구분하기 위해서 선을 넣습니다. 선의 역할은 다음과 같습니다.

**종이 재질별 마찰력 테스트**

| 종이 | 1차 | 2차 |
|---|---|---|
| 켄트지 | 0.85초 | 0.83초 |
| 트레이싱지 | 0.94초 | 0.90초 |
| 스노우 방안지 | 0.73초 | 0.80초 |
| 골판지(결 방향) | 0.90초 | 0.92초 |
| 골판지(결에 수직 방향) | 2.20초 | 2.10초 |
| 하드보드지 | 0.85초 | 0.80초 |

**세로선이 있을 때**

자료를 각각 분리해서 구분하는 역할을 합니다.

**종이 재질별 마찰력 테스트**

| 종이 | 1차 | 2차 |
|---|---|---|
| 켄트지 | 0.85초 | 0.83초 |
| 트레이싱지 | 0.94초 | 0.90초 |
| 스노우 방안지 | 0.73초 | 0.80초 |
| 골판지(결 방향) | 0.90초 | 0.92초 |
| 골판지(결에 수직 방향) | 2.20초 | 2.10초 |
| 하드보드지 | 0.85초 | 0.80초 |

**세로선이 없을 때**

행마다 자료가 일직선으로 연관성이 있어 보이게 하는 역할을 합니다.

Tip 표에서 '행'은 가로줄을 '열'은 세로줄을 뜻합니다.

# 선의 굵기에 따라 경계를 나눌 수 있다

선의 굵기에 따라 원하는 부분의 경계를 조절할 수 있습니다. 얇은 선은 경계가 약해 구분하는 느낌이 덜하고, 굵은 선은 경계 구분이 확실하게 되도록 만들어줍니다.

**종이 재질별 마찰력 테스트**

| 종이 | 1차 | 2차 |
|---|---|---|
| 켄트지 | 0.85초 | 0.83초 |
| 트레이싱지 | 0.94초 | 0.90초 |
| 스노우 방안지 | 0.73초 | 0.80초 |
| 골판지(결 방향) | 0.90초 | 0.92초 |
| 골판지(결에 수직 방향) | 2.20초 | 2.10초 |
| 하드보드지 | 0.85초 | 0.80초 |

### 선의 굵기가 일정할 때
구분점과 세부 내용이 구분되지 않고 하나의 내용처럼 보입니다.

**종이 재질별 마찰력 테스트**

| 종이 | 1차 | 2차 |
|---|---|---|
| 켄트지 | 0.85초 | 0.83초 |
| 트레이싱지 | 0.94초 | 0.90초 |
| 스노우 방안지 | 0.73초 | 0.80초 |
| 골판지(결 방향) | 0.90초 | 0.92초 |
| 골판지(결에 수직 방향) | 2.20초 | 2.10초 |
| 하드보드지 | 0.85초 | 0.80초 |

### 선의 굵기가 다를 때
구분점과 세부 내용을 나누기도 하고, 강조하고 싶은 부분을 나타낼 때도 사용합니다.

## 부분 배경색(음영)을 넣어 강조할 수 있다

원하는 칸에 부분 배경색을 넣음으로써 원하는 부분을 강조할 수 있습니다. 글씨의 굵기나 폰트를 변경하지 않고도 강조하고 싶은 부분을 바꿔보세요. '표' 기능에서는 '음영'을 사용해 부분 배경색을 넣을 수 있습니다.

**종이 재질별 마찰력 테스트**

| 종이 | 1차 | 2차 |
|---|---|---|
| 켄트지 | 0.85초 | 0.83초 |
| 트레이싱지 | 0.94초 | 0.90초 |
| 스노우 방안지 | 0.73초 | 0.80초 |
| 골판지(결 방향) | 0.90초 | 0.92초 |
| 골판지(결에 수직 방향) | 2.20초 | 2.10초 |
| 하드보드지 | 0.85초 | 0.80초 |

# '표' 기능으로 표 만들기

사용 색상

○ 배경색(R=255, G=255, B=255, 색상 코드: #FFFFFF)

● 글자색(R=0, G=0, B=0, 색상 코드: #000000)

● 포인트색 1(R=12, G=75, B=138, 색상 코드: #0C4B8A)

● 포인트색 2(R=199, G=45, B=57, 색상 코드: #C72D39)

○ 부분 배경색(R=242, G=242, B=242, 색상 코드: #F2F2F2)

**01**

슬라이드를 만들기
전에 색상 값을 미리
설정합니다.

**02**

[삽입 ▶ 표 ▶ 3x7 표]를
만들어주세요. 가로 3칸,
세로 7칸입니다.

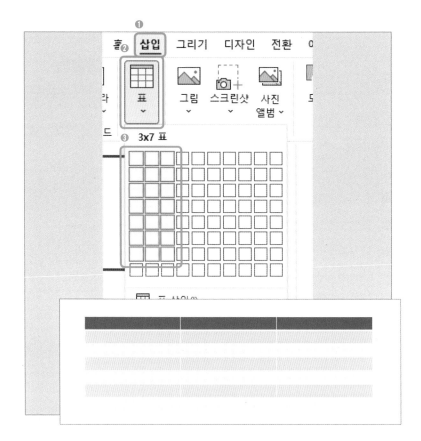

**03**

표를 클릭하면 상단에
[테이블 디자인]과
[레이아웃] 기능이
추가되었습니다. 표를
원하는 대로 꾸밀 수 있는
기능입니다.

**04**

표 전체를 드래그한
상태에서 [테이블 디자인
▶ 펜 두께 ▶ 0.5pt]로
바꿔주세요.

**05**

그러면 그림과 같이
[표 그리기] 기능이
적용된 상태가 되는데
[표 그리기]를 클릭해서
기능을 해제해 주세요.

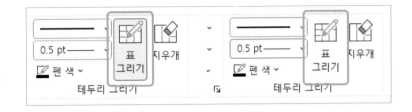

**06**

[테이블 디자인 ▶ 테두리
▶ 모든 테두리]를
선택하고, [테이블 디자인
▶ 음영 ▶ 채우기 없음]을
클릭해 주세요.

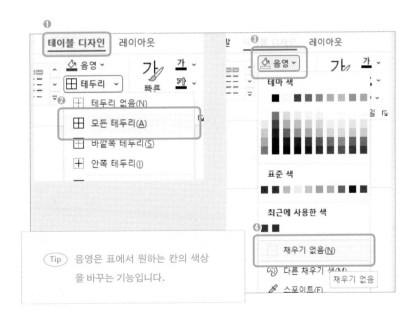

Tip 음영은 표에서 원하는 칸의 색상
을 바꾸는 기능입니다.

선만 남아 있는 심플한
모양의 표가 됩니다.

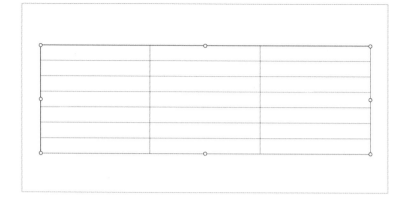

마우스로 원하는 대로
표의 크기를 바꾼 뒤,
[제목 텍스트,
일반 텍스트] 기능을
사용하여 원하는
자료를 넣어주세요.

**종이 재질별 마찰력 테스트**

| 종이 | 1차 | 2차 |
|---|---|---|
| 켄트지 | 0.85초 | 0.83초 |
| 트레이싱지 | 0.94초 | 0.90초 |
| 스노우 방안지 | 0.73초 | 0.80초 |
| 골판지(겯 방향) | 0.90초 | 0.92초 |
| 골판지(겯에 수직 방향) | 2.20초 | 2.10초 |
| 하드보드지 | 0.85초 | 0.80초 |

Tip) 각 칸에 마우스로 클릭해 커서를 옮
기는 방식이 아닌 [Tab] 기능을 이
용하면 바로 다음 칸으로 커서를 옮
길 수 있습니다.

## [ 테두리 조절하기 ]

**09**

표의 좌우 끝 세로선을
없애기 위해 표의 맨
왼쪽 열을 드래그한 후,
[테이블 디자인 ▶ 테두리
▶ 왼쪽 테두리]를 클릭해
주세요. 이미 적용된
왼쪽 테두리를 다시
한 번 누름으로써 적용을
해제하는 역할을 합니다.

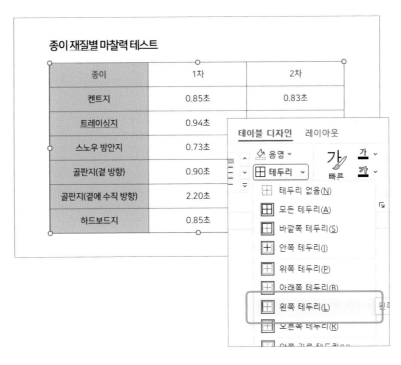

**10**

오른쪽 열도 마찬가지로
드래그한 후
[테이블 디자인 ▶ 테두리
▶ 오른쪽 테두리]를
클릭해 주세요.

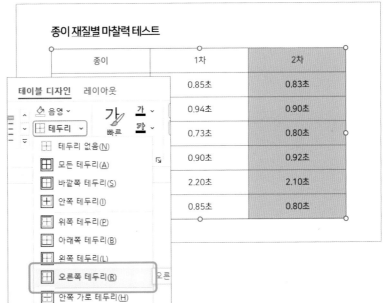

**11**

왼쪽, 오른쪽 끝에
세로선이 해제된 표가
완성됩니다.

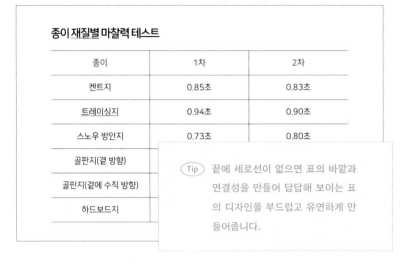

**종이 재질별 마찰력 테스트**

| 종이 | 1차 | 2차 |
|---|---|---|
| 켄트지 | 0.85초 | 0.83초 |
| 트레이싱지 | 0.94초 | 0.90초 |
| 스노우 방안지 | 0.73초 | 0.80초 |
| 골판지(결 방향) | | |
| 골판지(결에 수직 방향) | | |
| 하드보드지 | | |

Tip 끝에 세로선이 없으면 표의 바깥과 연결성을 만들어 답답해 보이는 표의 디자인을 부드럽고 유연하게 만들어줍니다.

**12**

가로선의 굵기를
조절하기 위해
[테이블 디자인 ▶ 펜 두께
▶ 1.5pt]로 변경합니다.
펜의 두께를 바꾸면
[표 그리기] 기능이
적용되니 그럴 때마다
[표 그리기] 기능을
해제해 주세요.

**13**

맨 위쪽 행을 드래그한 후,
[테이블 디자인 ▶ 테두리
▶ 위쪽 테두리]를 클릭해
주세요.

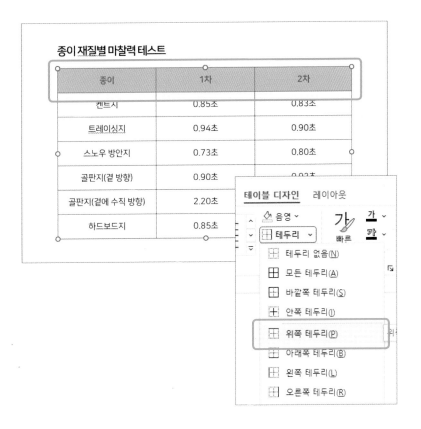

**14**

맨 아래 행을 드래그한 후,
[테이블 디자인 ▶ 테두리
▶ 아래쪽 테두리]를
클릭해 주세요.

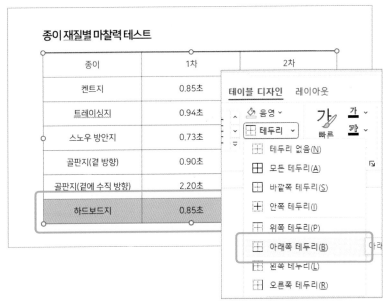

**15**

위, 아래 가로선의 두께가
굵어진 표가 완성됩니다.
표 테두리의 경계가
뚜렷해졌습니다.

### 종이 재질별 마찰력 테스트

| 종이 | 1차 | 2차 |
|---|---|---|
| 켄트지 | 0.85초 | 0.83초 |
| 트레이싱지 | 0.94초 | 0.90초 |
| 스노우 방안지 | 0.73초 | 0.80초 |
| 골판지(결 방향) | 0.90초 | 0.92초 |
| 골판지(결에 수직 방향) | 2.20초 | 2.10초 |
| 하드보드지 | 0.85초 | 0.80초 |

**16**

전체 세로선을
없애는 방법을
알려드리겠습니다.
선을 없애기 위해
표 전체를 드래그한 후,
[테두리 디자인 ▶ 테두리
▶ 안쪽 세로 테두리]를
클릭해 주세요.

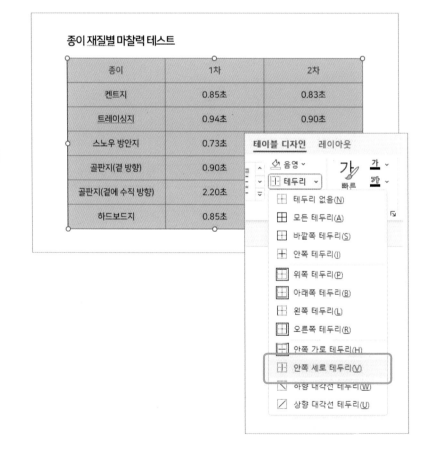

세로 테두리가 한번에
사라졌습니다.

**종이 재질별 마찰력 테스트**

| 종이 | 1차 | 2차 |
|---|---|---|
| 켄트지 | 0.85초 | 0.83초 |
| 트레이싱지 | 0.94초 | 0.90초 |
| 스노우 방안지 | 0.73초 | 0.80초 |
| 골판지(결 방향) | 0.90초 | 0.92초 |
| 골판지(결에 수직 방향) | 2.20초 | 2.10초 |
| 하드보드지 | 0.85초 | 0.80초 |

Tip  다시 원하는 테두리를 삭제하거나 생성하고 싶을 때, 같은 버튼을
한 번 더 누르면 삭제 혹은 생성이 가능합니다.

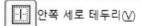

아이콘 테두리가 생성되어 있으면 해당 기능이 실행

안쪽 세로 테두리(V)

아이콘 테두리가 없으면 해당 기능이 실행되지 않음

## [ 음영 강조하기 ]

**18**

강조하고 싶은 부분을
드래그한 후,
[테이블 디자인 ▶ 음영 ▶
색상]을 선택해 주세요.

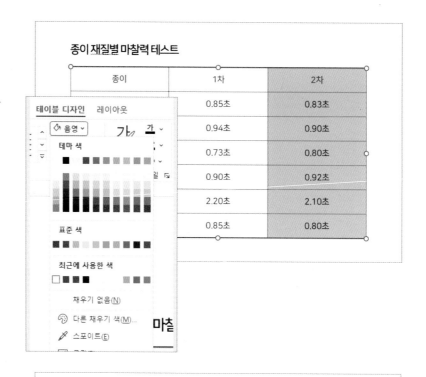

**종이 재질별 마찰력 테스트**

| 종이 | 1차 | 2차 |
|---|---|---|
|  | 0.85초 | 0.83초 |
|  | 0.94초 | 0.90초 |
|  | 0.73초 | 0.80초 |
|  | 0.90초 | 0.92초 |
|  | 2.20초 | 2.10초 |
|  | 0.85초 | 0.80초 |

**19**

음영까지 추가해
'표' 기능을
활용하여 만든 표가
완성되었습니다.

**종이 재질별 마찰력 테스트**

| 종이 | 1차 | 2차 |
|---|---|---|
| 켄트지 | 0.85초 | 0.83초 |
| 트레이싱지 | 0.94초 | 0.90초 |
| 스노우 방안지 | 0.73초 | 0.80초 |
| 골판지(결 방향) | 0.90초 | 0.92초 |
| 골판지(결에 수직 방향) | 2.20초 | 2.10초 |
| 하드보드지 | 0.85초 | 0.80초 |

Tip) 표의 행열을 수정하려면 원하는 부분을 드래그한 후, 오른쪽 마우스를 클릭하면 [삽입/삭제]가 나타납니다. 또는 해당 기능을 이용해 드래그한 줄에 맞게 원하는 행이나 열을 삽입하거나 삭제가 가능합니다.

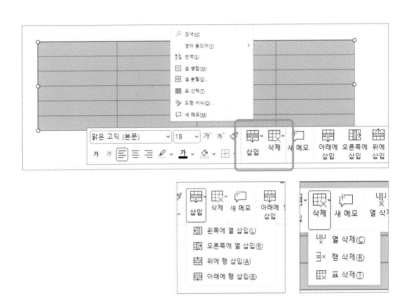

# '도형' 기능으로 표 만들기

사용 색상

○ 배경색(R=249, G=248, B=253, 색상 코드: #F9F8FD)

● 글자색(R=38, G=38, B=38, 색상 코드: #262626)

● 포인트색(R=64, G=64, B=64, #404040)

p.78를 참고하여
오른쪽의 슬라이드를
만들어주세요.

Communication / Introduce / Graph / **End**

## 표의 기준과 설명을 적어주세요

: 표의 기준과 설명을 넣고 부가 설명을 적어주세요

**02**

[삽입 ▶ 도형 ▶ 선]을
클릭해 슬라이드 하단의
안내선에 맞춰 선을
만들어줍니다.

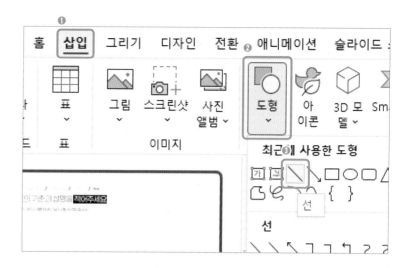

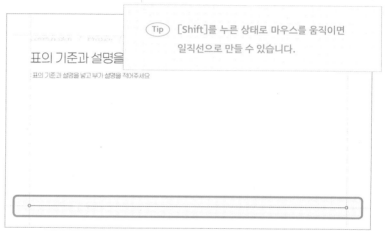

Tip [Shift]를 누른 상태로 마우스를 움직이면
일직선으로 만들 수 있습니다.

**03**

[Ctrl + Shift]를 누른 채
마우스를 움직여 선을
위로 여러 개 복사해
주세요.

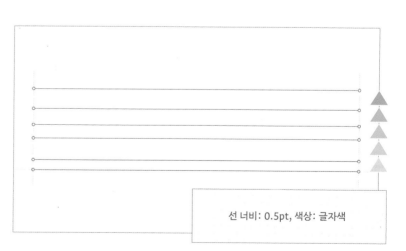

선 너비: 0.5pt, 색상: 글자색

**04**

선 전체를 드래그한 다음
[정렬 ▶ 맞춤 ▶ 세로
간격을 동일하게]를
적용합니다.

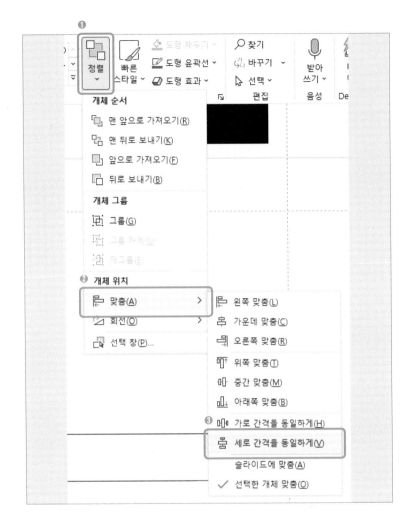

**05**

선의 세로 간격이
동일하게 설정됩니다.

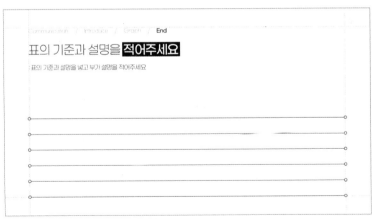

**06**

위의 2개 선 너비를
[테이블 디자인 ▶ 펜 두께
▶ 1.5pt]로 굵게 설정해
주세요.

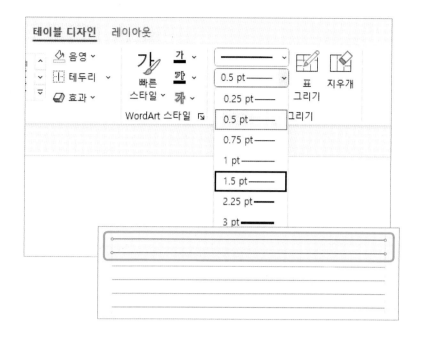

**07**

다음은 직사각형으로
포인트색을 주도록
하겠습니다. [삽입 ▶
도형 ▶ 직사각형]을
클릭합니다.

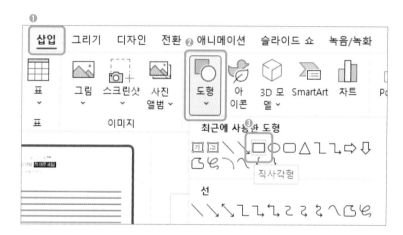

**08**

표의 맨 아래 행에
직사각형을 배치해
주세요. 직사각형에
마우스 오른쪽 버튼을
클릭한 후
[맨 뒤로 보내기,
도형 서식 ▶ 선 없음,
색상: 포인트색]으로
설정합니다.

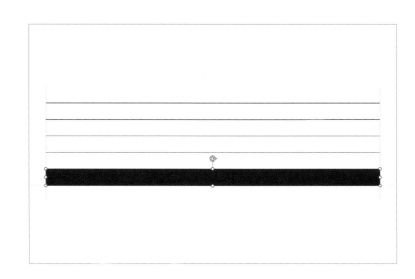

**09**

표에 원하는 내용을
입력하여 표를
완성합니다.

| 기준 | 3월 | 4월 | 5월 | 6월 |
|---|---|---|---|---|
| 비즈니스 | 12,000 | 11,000 | 10,500 | 13,500 |
| 순수익 | 14,500 | 15,000 | 13,500 | 15,000 |
| 이득 | 19,000 | 16,500 | 12,000 | 18,000 |
| 합계 | 45,500 | 42,500 | 36,000 | 46,500 |

**사용 폰트**

| **1행** | 폰트:G마켓 산스 Bold, 크기: 14pt, 자간: 좁게 0.8pt |
|---|---|
| **2~5행** | 폰트: G마켓 산스 Medium, 크기: 14pt, 자간: 좁게 0.8pt (5행의 글자 색상은 바탕색과 동일) |
| **[단위: 원]** | 폰트: G마켓 산스 Medium, 크기 : 12pt, 자간 : 좁게 0.8pt |

# 03

# 이미지

## 효과적인 PNG 사진 활용법

PNG 사진은 JPEG 사진과는 달리 배경이 없는 사진을 뜻합니다. 배경 없이 개체만 단독으로 보이게 하여 제품의 모습이 직관적으로 보이는 장점이 있지만, 상황에 따라서 개체 사진의 주변이 허전하거나 혹은 PNG 사진을 한층 더 돋보이고 싶을 때 사진 뒤에 도형을 넣어서 강조 효과를 나타내기도 합니다.

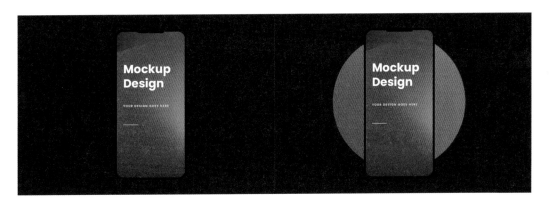

PNG 사진만 활용 PNG 사진과 도형을 함께 사용

PNG 사진 뒤에 원을 배치함으로써, 이전과 비교해 사진이 돋보여 보이는 것을 알 수 있습니다. 또한 이전에 PNG 사진 주변에 느껴진 허전함도 해결되었습니다.

Tip 배경이 있는 JPEG 사진에서 원하는 대상만을 골라 PNG 사진으로 변환하고 싶을 때, Remove.bg 사이트가 유용하게 쓰입니다.

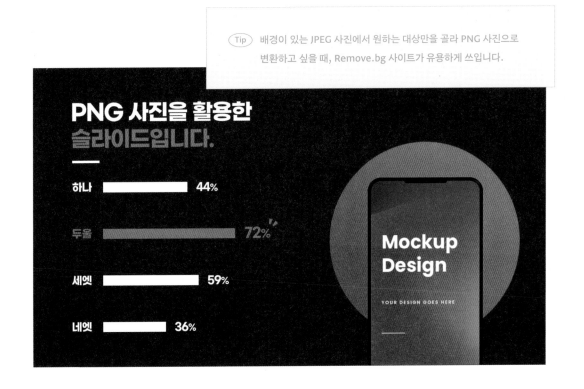

# 색상의 마법 같은 연출, 그라데이션

그라데이션은 하나의 색채에서 다른 색채로 색이 변화하는 단계를 얘기합니다. 색이 점점 변화하는 모습을 보여주게 됩니다. 단색과 비교해 보다 눈에 띄며, 입체감 혹은 생동감을 줄 때 사용합니다.

단색 도형, 그라데이션 도형

단색 배경, 그라데이션 배경

**Content**

Introduce
# Communication
Design & Result
Closing greetings

포트폴리오 템플릿
그것의 핵심은?

: 포트폴리오 템플릿에 중요한 것은
뭐니뭐니 해도 실용성과 퀄리티입니다.

고급 색감을 바탕으로 포트폴리오
템플릿을 제가 만들어 보겠습니다.

유사 그라데이션 활용 예시

그라데이션을 활용한 배경을 만들어보겠습니다. 그라데이션 배경은 단색보다 풍부한 이미지를 연출하여 깊이감이 있어 보이는 효과가 있습니다.

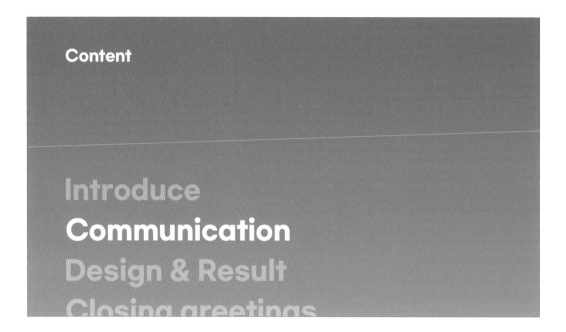

사용 색상

○ 글자색(R=248, G=248, B=248, 색상 코드: #F8F8F8)

● 배경 그라데이션색 1(R=32, G=128, B=225, 색상 코드: #2080E1)

● 배경 그라데이션색 2(R=135, G=159, B=237, 색상 코드: #879FED)

**01**

안내선을 설정해 주세요.

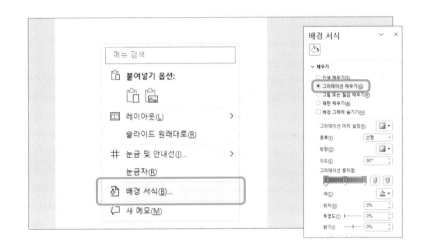

**02**

마우스 오른쪽 버튼을
클릭하여 [배경 서식
▶ 채우기 ▶ 그라데이션
채우기]를 클릭합니다.

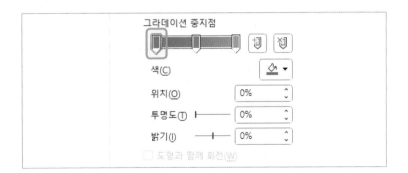

**03**

첫 번째 그라데이션
중지점 설정값을
조정합니다.
[색상: 그라데이션색 1,
위치: 0%, 투명: 0%]

**04**

세 번째 그라데이션
중지점 설정값을
조정합니다.
[색상: 그라데이션색 2,
위치: 100%, 투명: 0%]

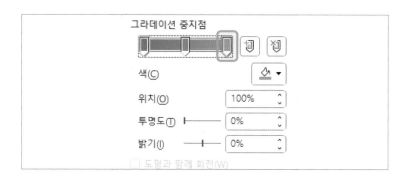

**05**

가운데(두 번째)
중지점을 추가하려면,
첫 번째 중지점을 누른
상태에서 오른쪽의
[그라데이션 중지점
추가하기]를 누르면,
첫번째 중지점과 세번째
중지점의 중간 위치 및
중간 색상으로 적용이
됩니다.

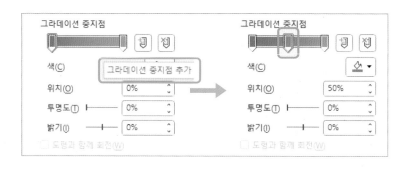

Tip  위의 방식으로 그라데이션의 중지점을 여러 개 적용하면, 그라데이션의
변화 단계가 더욱 뚜렷해 보이는 효과가 있습니다.

**06**

그라데이션 방향은
[선형 아래쪽]을 선택해
주세요.

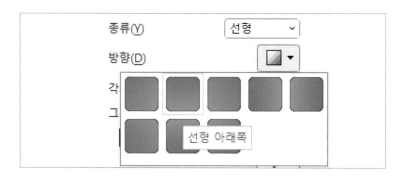

그라데이션이 적용된
배경이 완성되었습니다.

안내선에 맞춰 원하는
텍스트를 넣어
완성하세요.

공통 폰트: G마켓 산스 Bold, 색상: R=248, G=248, B=248,
색상 코드 : #F8F8F8
'Content' 부분 크기: 28pt, 자간: 좁게 0.5pt
목차 설명 부분 크기: 48pt, 자간: 좁게 0.5pt
주제 목차를 제외한 나머지 목차는 투명도 63% 적용

## [ 도형에 그라데이션 효과주기 ]

그라데이션은 2개 이상의 색감이 서로 조화롭게 되어야합니다. 서로 유사한 색상을 이용하면 은은하면서도 준수한 그라데이션이 완성됩니다. 이번 파트에서는 아래와 같이 유사한 색상(그라데이션색 1~2)을 사용해 슬라이드를 만들어보겠습니다.

사용 색상

○ 배경색(R=248, G=248, B=248, 색상 코드: #F8F8F8)

● 글자색(R=42, G=42, B=42, 색상 코드: #2A2A2A)

● 그라데이션색 1(R=32, G=128, B=225, 색상 코드: #2080E1)

● 그라데이션색 2(R=135, G=159, B=237, 색상 코드: #879FED)

**01**

바탕색, 안내선 및 글자
색상을 설정합니다.

**02**

안내선에 맞춰 텍스트를
배치해 넣어주세요.

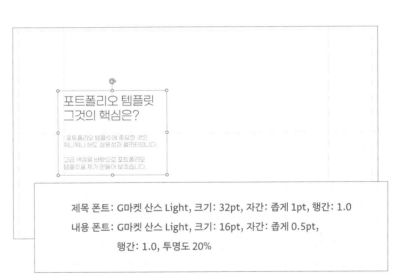

제목 폰트: G마켓 산스 Light, 크기: 32pt, 자간: 좁게 1pt, 행간: 1.0
내용 폰트: G마켓 산스 Light, 크기: 16pt, 자간: 좁게 0.5pt,
행간: 1.0, 투명도 20%

**03**

[삽입 ▶ 도형 ▶ 타원]을
눌러 원을 만들어주세요.

Tip [Shift]를 누른 상태로 마우스를 클릭, 드래그하면
지름이 동일한 원이 완성됩니다.

**04**

[Ctrl + Shift]를 누른 채
마우스를 이동하여
1개 더 복사합니다.
원 2개가 살짝 겹치게
배치해 주세요.

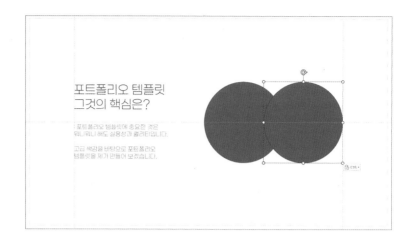

**05**

[도형 서식 ▶ 선 ▶
선 없음]을 눌러 두 원의
실선을 없애 주세요.

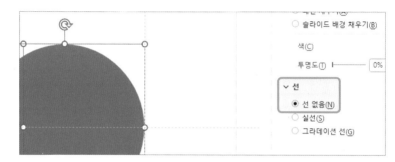

**06**

2개의 원을 드래그한
상태에서 오른쪽
마우스를 클릭하여
[그룹화 ▶ 그룹]으로
설정해 주세요.

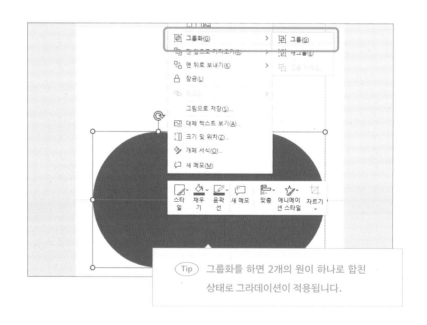

Tip  그룹화를 하면 2개의 원이 하나로 합친
상태로 그라데이션이 적용됩니다.

**07**

[도형 서식 ▶ 도형 옵션
▶ 채우기 ▶ 그라데이션
채우기]를 눌러주세요.
그라데이션 중지점을
2개로 한 다음, 첫 번째
중지점을 그라데이션색
1로, 두 번째 중지점을
그라데이션색 2로 설정해
주세요.

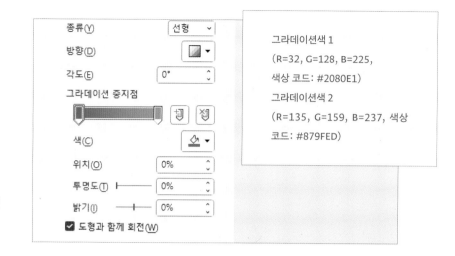

**08**

[사용자 지정]에서
그라데이션 방향을
[선형 오른쪽]으로
설정해 주세요.

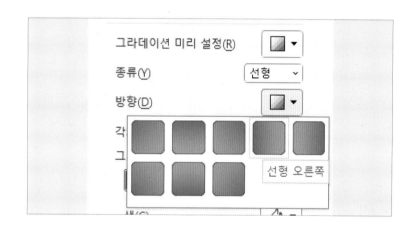

**09**

다음과 같이 2개의
원을 합친 상태로
그라데이션이
적용되었습니다.

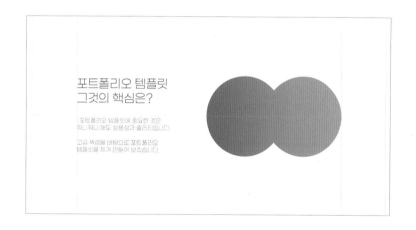

**10**

원 안에 원하는 텍스트를
작성합니다.

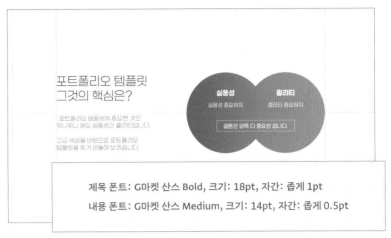

포트폴리오 템플릿
그것의 핵심은?

포트폴리오 템플릿에 중요한 것은
뭐니뭐니 해도 실용성과 퀄리티입니다.

고급 색감을 바탕으로 포트폴리오
템플릿을 제가 만들어 보겠습니다.

실용성
실용성 중요하지

퀄리티
퀄리티 중요하지

결론은 양쪽 다 중요한 겁니다

제목 폰트: G마켓 산스 Bold, 크기: 18pt, 자간: 좁게 1pt
내용 폰트: G마켓 산스 Medium, 크기: 14pt, 자간: 좁게 0.5pt

**11**

도형 및 그라데이션을
활용해, 제목을 좀 더
돋보이게 하겠습니다.
[삽입 ▶ 도형 ▶
사각형: 둥근 모서리]를
삽입해 주세요.

**12**

[도형 서식 ▶ 도형 옵션
▶ 채우기 없음 ▶ 선 ▶
그라데이션 선 ▶
너비: 1.5pt]로
맞춰주세요.

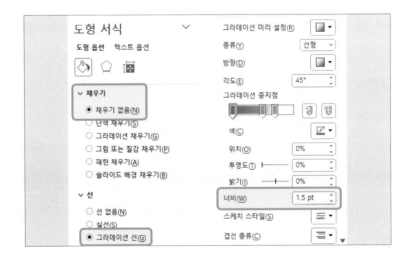

**13**

첫 번째 그라데이션
중지점 설정값을
조정합니다.
[색상: 그라데이션색 1,
위치: 0%, 투명: 0%]

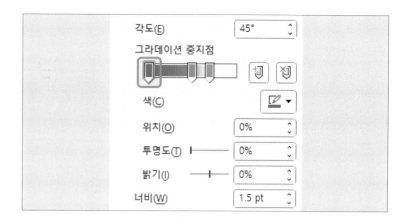

**14**

두 번째 그라데이션
중지점 설정값을
조정합니다.
[색상: 그라데이션색 2,
위치: 50%, 투명도: 0%]

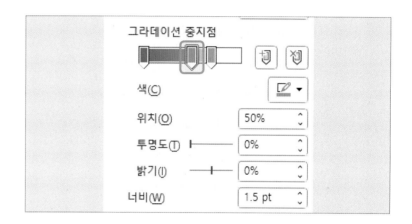

**15**

세 번째 그라데이션
중지점 설정값을
조정합니다.
[색상: 그라데이션색 2,
위치: 70%,
투명도: 100%]

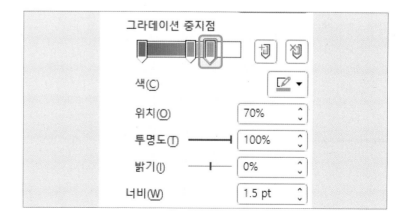

**16**

그라데이션 방향에서
[선형 대각선 ▶ 왼쪽
위에서 오른쪽 아래로]로
설정합니다.

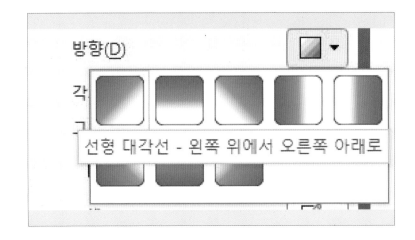

**17**

선에 그라데이션이
적용되었습니다.

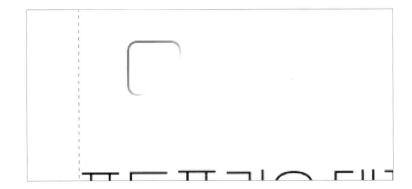

**18**

사각형을 마우스로
클릭한 다음, 오른쪽으로
살짝 회전시켜 주세요.
도형을 누르면 나오는
위의 화살표를 눌러
회전할 수 있습니다.

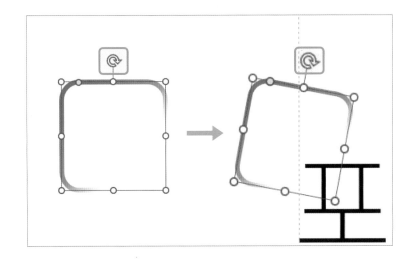

**19**

제목 텍스트의 상단 좌측
부분에 배치해 완성합니다.

# 도형 병합으로 완성도를 높이자

　　도형 병합은 2개 이상의 도형을 이용해 새로운 도형을 만드는 기능입니다. 일반적인 도형의 모양만으로는 표현하기 어려운 모양의 도형을 만들거나, 혹은 사진에서 원하는 부분만을 도형에 넣을 때도 많이 이용하는 기능입니다.

투명도가 적용된, 서로 겹쳐진 2개의 원을 만들었습니다. 투명도가 적용되어 개체의 겹쳐진 부분의 색상이 진해져 보임을 알 수 있습니다. 2개의 원을 가지고 도형 병합 기능에 대해 서술하겠습니다.

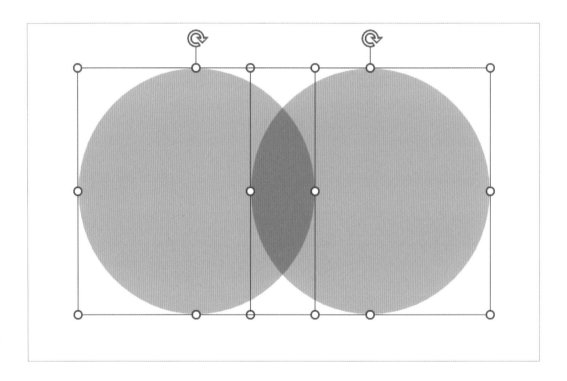

## [ 도형 병합의 5가지 기능 ]

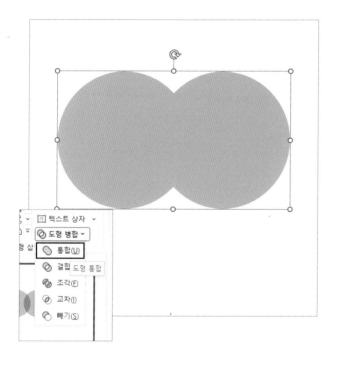

**통합**

선택한 도형들을 서로 합쳐 하나의 개체로 만드는 기능입니다. 수학에서 '합집합'을 생각하면 됩니다. 도형 병합 기능에서 통합을 누르게 되면, 하나의 개체가 되는 것을 알 수 있습니다. 통합은 하나의 개체로 인식되기 때문에 통합 이전의 겹쳐진 부분의 진해져 보였던 색상도, 적용 후 사라지게 됩니다.

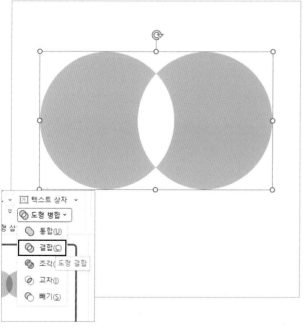

**결합**

선택한 도형들의 겹치는 부분을 삭제하고 남은 부분을 합치는 기능입니다. 수학에서의 '전체에서 교집합을 뺀 나머지'라고 생각하면 됩니다. 결합을 누르게 되면 적용 이전에 겹쳐진 부분이 삭제되고, 남은 부분이 하나의 개체로 인식됩니다.

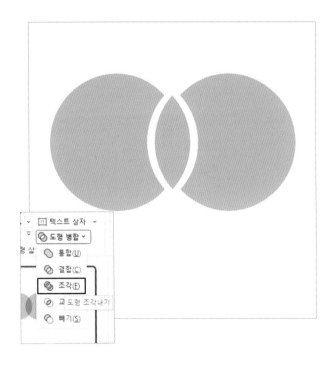

## 조각

겹쳐진 도형들의 테두리를 기준으로 모양에 맞게 조각을 내어 여러 개의 도형으로 나누는 기능입니다. 겹쳐진 도형의 테두리에 맞게, 가위로 자르듯이 조각을 내어 여러 개의 도형(3개)로 나눠집니다.

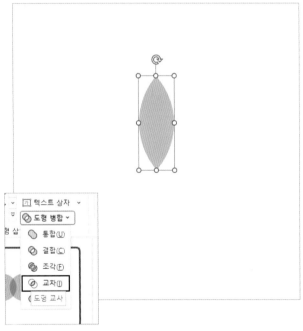

## 교차

겹쳐진 부분만을 남기고 나머지를 삭제하는 기능입니다. 수학에서 '교집합'을 생각해 주세요. 겹쳐진 부분만을 제외한 나머지가 삭제됨을 알 수 있습니다. 이처럼 원하는 부분만을 남길 때 사용하는 기능입니다.

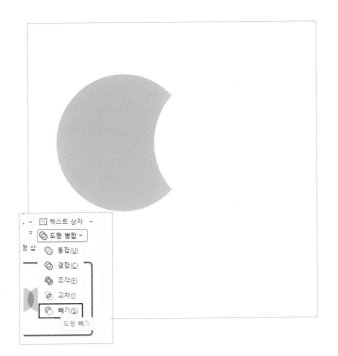

빼기

빼기는 먼저 선택한 도형에서 나중에 선택한 도형의 겹쳐진 부분을 빼는 기능입니다. 제가 기존에서 왼쪽 원을 먼저 누르고, 다음에 [Ctrl]을 누른 상태에서 오른쪽 원을 누른 다음, 빼기 기능을 사용함으로써 왼쪽 원을 기준으로 겹쳐진 부분을 제외한 나머지 부분이 남게됩니다.

## [ 원형 이미지 만들기 ]

도형 병합 기능을 이용해 사진에서 원하는 부분을 가져오는 동시에, 원하는 사진 모양까지 만드는 방법을
알아보겠습니다.

01

[삽입 ▶ 그림 ▶
이 디바이스에서] 원하는
사진을 삽입해 주세요.

[삽입 ▶ 도형 ▶ 타원]을
클릭하여 사진의 원하는
부분에 맞춰 원을
넣어주세요.

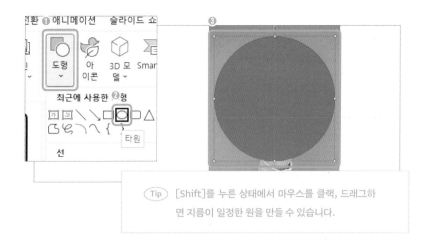

Tip   [Shift]를 누른 상태에서 마우스를 클릭, 드래그하
면 지름이 일정한 원을 만들 수 있습니다.

03

원의 투명도를 높여
(50%), 원의 뒤쪽에
있는 사진 부분을 보이게
해주세요. 사진의 원하는
부분이 맞는지 한번
더 확인해 보며 크기
및 위치 수정을 하면
보다 정교하게 수정이
가능합니다.

04

[Ctrl]을 누른 상태에서
사진을 클릭하고, 원을
클릭해 주세요.

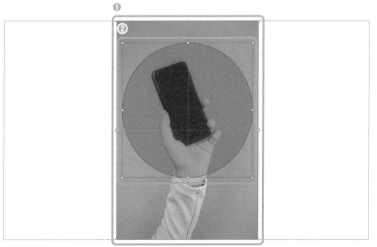

**05**

상단의 [도형 서식 ▶
도형 병합 ▶ 교차]를
클릭해 주세요.

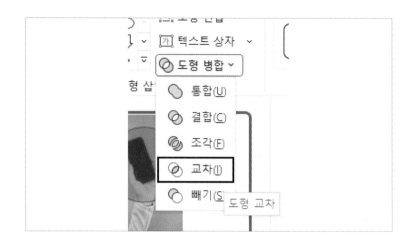

**06**

사진의 원하는 부분과
원이 교차해 원 모양으로
사진이 잘렸습니다.

**07**

원하는 텍스트를 넣어
슬라이드를 완성합니다.

Tip
원이 아닌 다른 도형으로도 도형 병합을 활용해 다음과 같이 여러 모양의 사진을 만들 수 있습니다. 텍스트의 포인트색을 사진 내의 색상으로 고르면 사진과 텍스트가 서로 어울리는 슬라이드가 완성됩니다.

## [ 여러 개의 도형으로 도형 병합하기 ]

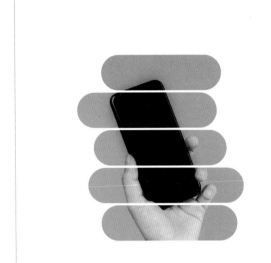

[삽입 ▶ 그림 ▶
이 디바이스에서] 원하는
사진을 삽입해 주세요.

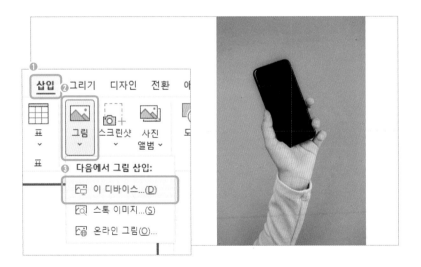

**02**

[삽입 ▶ 도형 ▶
사각형: 둥근 모서리]로
둥근 사각형을
삽입합니다.

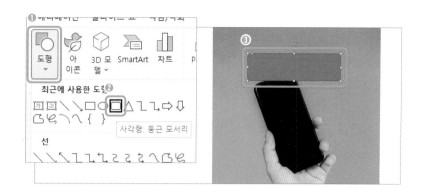

**03**

사진의 원하는 부분을
기준으로, 위쪽에
삽입해 주세요. 도형의
노란색 점을 이용해
모서리를 최대한 둥글게
설정합니다.

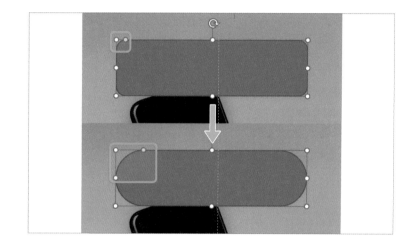

**04**

투명도를 적용해
사진 뒤쪽이 비치도록
설정해 주세요.

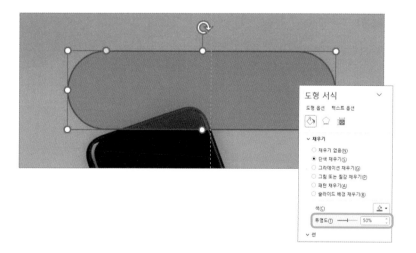

**05**

[Ctrl + Shift]를 누른 채
마우스를 드래그하여
복사합니다. 여러 개의
도형으로 만들어주세요.

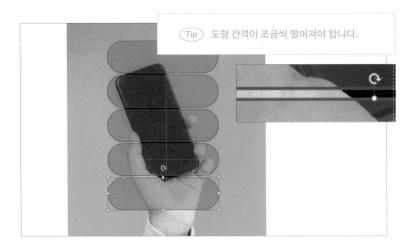

Tip 도형 간격이 조금씩 떨어져야 합니다.

**06**

도형 전체를 드래그한
상태에서 [정렬 ▶ 맞춤 ▶
세로 간격을 동일하게]를
클릭하여 각 도형의
세로 간격을 동일하게
해주세요.

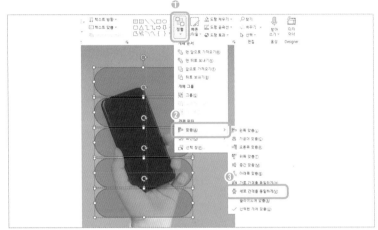

**07**

도형의 가로 길이와
위치를 자유롭게
수정합니다.

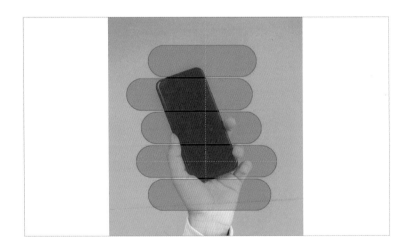

도형 전체를 드래그한
상태에서 [도형 서식
▶ 도형 병합 ▶ 통합]을
클릭합니다.

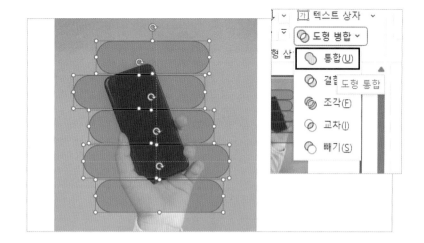

## 09

여러 개의 도형이 하나의
개체로 인식됩니다.

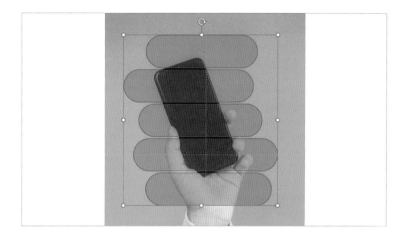

[Ctrl]을 누른 상태에서
사진을 클릭하고, 도형을
클릭합니다. [도형 서식
▶ 도형 병합 ▶ 교차]를
클릭합니다.

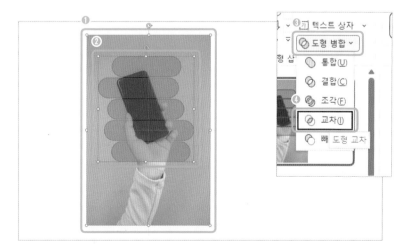

**11**

여러 개의 도형에 맞춰
사진이 분할되었습니다.

**12**

원하는 텍스트를 넣어
슬라이드를 완성합니다.

# 인포그래픽을 활용하여
# 디자인 완성도 높이기

인포그래픽은 정보와 데이터를 시각적으로 표현한 것입니다. 전달하려는 정보를 빠르고 효율적으로 전달할 수 있으며 적은 양의 내용으로도 슬라이드를 풍부하게 보이게 합니다. 파워포인트는 다른 문서와 달리 발표와 설득을 목적으로 합니다. 텍스트를 나열한 전달 방식보다, 청중에게 복합적인 정보를 밀도 있게 설명할 수 있도록 도와줍니다.

## 사용 색상

○ 배경색(R=242, G=242, B=242, 색상 코드: #F2F2F2)

● 글자색(R=0, G=0, B=0, 색상 코드: #000000)

● 포인트색 1(R=52, G=140, B=228, 색상 코드: #348CE4)

● 포인트색 2(R=248, G=82, B=106, 색상 코드: #F8526A)

# 서로 밀접하게 이어져 있는 인포그래픽

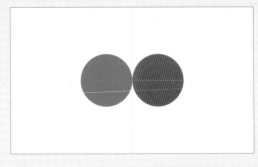

**01**

2개의 원을 만든 다음 각 원의 색상을 바꿔줍니다.

**02**

[도형 ▶ 사각형 : 둥근 모서리]로 위와 같은 도형을
만들어주세요.

**03**

위와 같이 여러 개를 복사해 서로 맞닿아 있게
나열해 주세요.

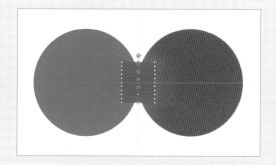

**04**

두 원 사이에 배치해 주세요.

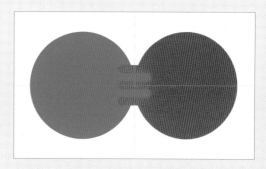

**05**

왼쪽, 오른쪽 있는 색상과 번갈아 가며 맞춰주세요.

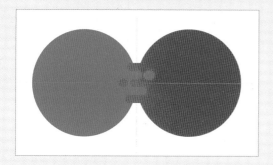

**06**

길이를 조절하고 복사하여 위와 같은 방식으로
만들어주세요

**07**

원하는 아이콘 및 텍스트를 넣으면 완성입니다.

# 기울어진 사각형 인포그래픽

**완성본**

키워드 하나
키워드에 대한
설명을 넣어주셈

키워드 두울
키워드에 대한
설명을 넣어주셈

**01**

[도형 ▶ 사각형: 둥근 모서리]를 만들어주세요.

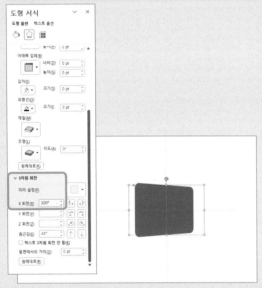

**02**

[도형 서식 ▶ 도형 옵션 ▶ 효과 ▶ 3차원 회전]에서
X 회전을 320°로 맞춰주세요.

**03**

사각형을 2개로 복사하고, 사각형 1개의 크기를
약간 키워주세요.

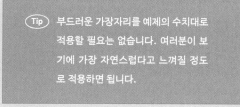

Tip 부드러운 가장자리를 예제의 수치대로
적용할 필요는 없습니다. 여러분이 보
기에 가장 자연스럽다고 느껴질 정도
로 적용하면 됩니다.

**04**

위의 사각형은 하얀색, 밑에는 파란색으로
바꿔주세요.

**05**

파란색 사각형에 [도형 서식 ▶ 효과 ▶ 부드러운
가장자리 ▶ 크기: 30pt]로 적용해 주세요.

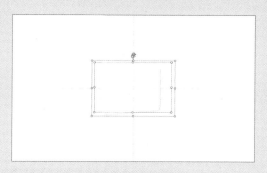

**06**

하얀색 사각형이 앞으로, 파란색 사각형이 뒤로 가도록
서로 겹쳐주세요. 여기에서는 빛이 왼쪽 위에 비추는
느낌을 연출하기 위해, 그림자인 파란색 사각형이 살짝
오른쪽 아래로 어긋나게 겹쳐주었습니다.

**07**

원하는 아이콘 및 텍스트를 넣으면 완성입니다.

완성본

01

[도형 ▶ 사각형: 둥근 모서리]를 만들어주세요.

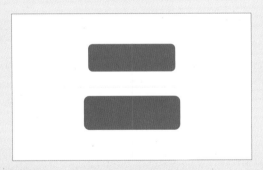

02

사각형을 2개로 복사하고, 사각형 1개의 크기를
약간 키워주세요.

03

작은 사각형은 하얀색, 큰 사각형은 파란색으로
색상을 조정해 주세요. 파란색 사각형에
[도형 서식 ▶ 효과 ▶ 부드러운 가장자리 ▶
크기: 25pt]를 적용해 주세요.

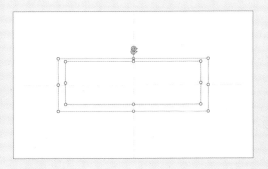

**04** 하얀색 사각형이 앞으로, 파란색 사각형이 뒤로 가도록 서로 겹쳐주세요.

**05** 빛이 위쪽에 비추는 느낌을 연출하기 위해, 파란색 사각형이 살짝 아래로 어긋나게 겹쳐주세요.

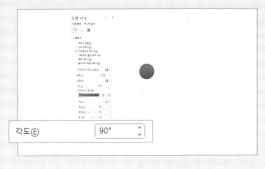

**06** [도형 ▶ 타원]으로 원을 만들어준 다음, 사각형 위에 얹어주세요.

**07** 원에 위와 같이 [도형 서식 ▶ 그라데이션 채우기 ▶ 각도 90° ]로 그라데이션을 적용해 주세요.

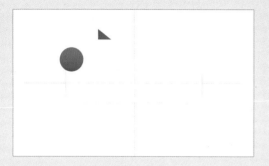

08

위와 같이 직각 삼각형을 삽입하고 조금 더 짙은
색상으로 바꿔주세요.

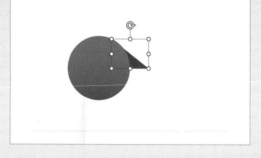

09

직각 삼각형을 원 뒤로 배치해 주세요.

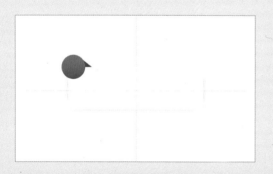

10

도형의 배치를 이용해 입체감 있는 도형을
만들었습니다.

11

원하는 아이콘 및 텍스트를 넣으면 완성입니다.

완성본

01

[도형 ▶ 사각형: 둥근 모서리]를 만들어주세요.

02

사각형을 2개로 복사하고, 사각형 1개의 크기를
약간 키워주세요. 사각형의 색상을 변경합니다.

03

[도형 서식 ▶ 그라데이션 채우기 ▶ 각도 90° ▶
중지점 변경]으로 색상 변경 및 그라데이션을
적용해 주세요.

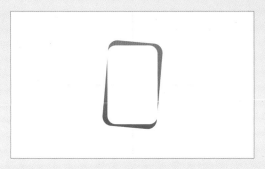

**04**

그라데이션이 적용한 사각형을 오른쪽으로
5° 회전시켜 주세요.

**05**

하얀색 사각형이 앞으로, 파란색 사각형이 뒤로
위치하게 한 후, 중심에 맞춰 겹쳐주세요.

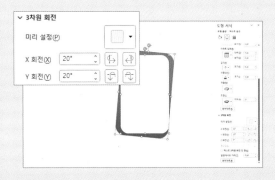

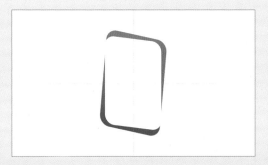

**06**

도형 전체를 드래그한 상태에서 [도형 서식 ▶ 도형
옵션 ▶ 효과 ▶ 3차원 회전]에서 [X 회전: 20°,
Y 회전: 20°]를 적용해 주세요.

**07**

위와 같이 3차원 기준으로, 오른쪽 위로 살짝 회전한
모습이 됩니다.

**08**

도형 전체를 드래그한 상태에서 [도형 효과 ▶ 그림자 ▶ 오프셋: 오른쪽 아래]를 눌러주세요.

**09**

[도형 서식 ▶ 그림자 ▶ 투명도 ▶ 75%]로 적용해주세요.

**10**

그림자가 적용되어 자연스럽게 겹쳐진 모양이 됩니다.

**11**

원하는 아이콘 및 텍스트를 넣으면 완성입니다.

# 액자형 인포그래픽 ②

완성본

**01**

[도형 ▶ 사각형: 둥근 모서리]를 만들어주세요.

**02**

[도형 서식 ▶ 효과 ▶ 3차원 회전 ▶ X 회전: 20°,
Y 회전: 20°]를 적용해 위와 같이 만들어주세요.

**03**

사각형을 2개로 복사해 하얀색, 파란색으로 변경해
주세요.

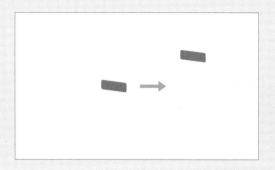

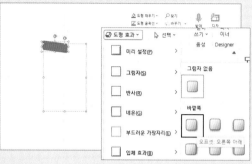

**04**

파란색 사각형의 크기를 줄여주고, 왼쪽 위에
겹쳐주세요.

**05**

전체 도형을 드래그하고 [도형 효과 ▶ 그림자 ▶
바깥쪽 ▶ 오프셋: 오른쪽 아래]를 눌러주세요.

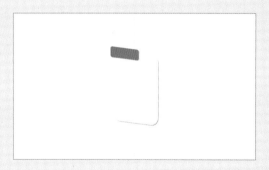

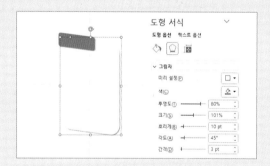

**06**

그림자가 설정되었습니다.

**07**

그림자의 색상을 조절하기 위해 하얀색 사각형을
선택하여 [도형 서식 ▶ 효과 ▶ 그림자 ▶
색상: 파란색, 투명도 80%, 크기: 101%,
흐리게: 10pt]로 변경해 주세요.

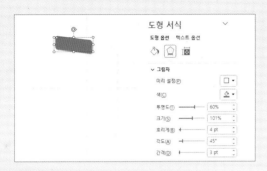

08

09

파란색 사각형의 그림자를 조절하기 위해 [도형
서식 ▶ 효과 ▶ 그림자 ▶ 색상: 파란색, 투명도 60%,
크기: 101%, 흐리게: 4pt]로 변경해 주세요.

그러면 위와 같은 인포그래픽이 완성되었습니다.

10

원하는 아이콘 및 텍스트를 넣으면 완성입니다.

# 부채꼴 인포그래픽

**01**

[도형 ▶ 사각형: 둥근 모서리]로 세로로 긴 사각형을
만들어주세요.

**02**

사각형을 2개로 복사한 다음, 사각형 1개의 크기를
키워주세요.

**03**

작은 사각형은 하얀색, 큰 사각형은 파란색으로
색상을 조정합니다. 파란색 사각형을 선택하고
[도형 서식 ▶ 도형 옵션 ▶ 효과 ▶ 부드러운 가장자리
▶ 크기: 30pt]를 적용해 주세요.

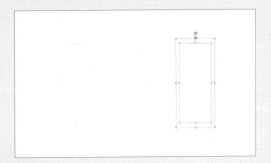

04

하얀색 사각형이 파란색 사각형 앞으로 오도록
두 사각형을 겹쳐주세요.

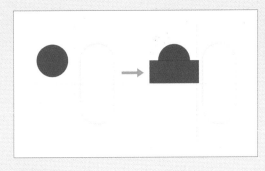

05

반원을 만들어보겠습니다. 원의 지름이 둥근
사각형의 가로 길이와 같게 원을 만들어주세요.
원의 중간에 맞춰 사각형을 만들어 겹쳐줍니다.

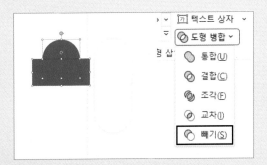

06

[Ctrl]을 누른 상태에서, 원을 누른 후 사각형을 누른
다음 [도형 서식 ▶ 도형 병합 ▶ 빼기]를 눌러주세요.

07

반원이 완성되었습니다.

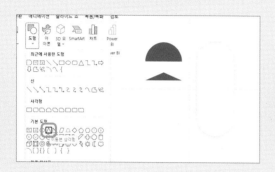

**08**

도형에서 이등변 삼각형을 누른 후, 원의 지름에
맞는 이등변 삼각형을 만들어주세요.

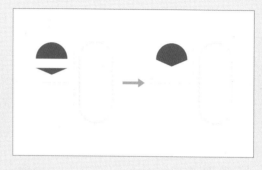

**09**

이등변 삼각형을 180° 회전시킨 다음, 반원과
붙여주세요.

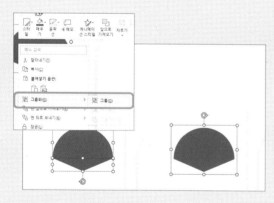

**10**

반원과 이등변 삼각형, 두 도형을 그룹화를
시켜주세요.

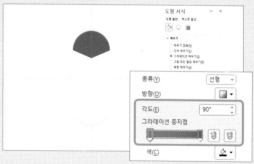

**11**

모서리 둥근 사각형의 위쪽에 맞게 겹쳐주고,
방금 그룹화한 도형에 그라데이션을 넣어주세요.
[각도: 90°, 중지점 2개]로 설정합니다.

**12**

그라데이션이 적용된 인포그래픽이 만들어집니다.

**13**

원하는 아이콘 및 텍스트를 넣으면 완성입니다.

완성본

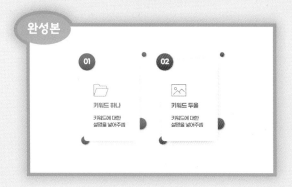

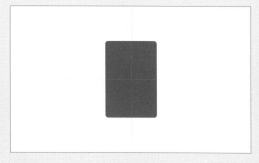

**01**

[도형 ▶ 사각형: 둥근 모서리]를 만들어주세요.

**02**

사각형을 2개로 복사하고, 사각형 1개의 크기를
약간 키워주세요.

**03**

작은 사각형은 하얀색, 큰 사각형은 파란색으로
색상을 조정해 주세요.

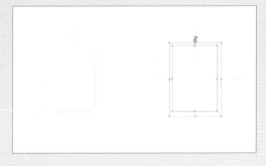

 04

05

파란색 사각형에 [도형 서식 ▶ 도형 옵션 ▶ 효과
▶ 부드러운 가장자리 ▶ 크기: 30pt]를 적용해
부드러운 가장자리를 만들어주세요.

하얀색 사각형이 파란색 사각형 앞에 오도록
겹쳐주세요. 빛이 왼쪽 위에 비추는 것을 연출하기
위해, 그림자를 살짝 오른쪽 아래로 어긋나게
배치했습니다.

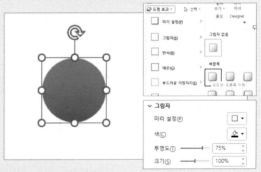

06

07

왼쪽 위에 원을 걸쳐주고 [도형 서식 ▶ 채우기 ▶
각도: 90°, 중지점 2개]로 원에 그라데이션을
적용해 주세요.

원을 클릭한 상태에서 [도형 효과 ▶ 그림자 ▶
바깥쪽 ▶ 오프셋: 오른쪽 아래]를 눌러주고,
[도형 서식 ▶ 도형 옵션 ▶ 효과 ▶ 그림자 ▶
투명도: 80%]로 설정해 주세요. 그림자 색상은
검정색으로 설정했습니다.

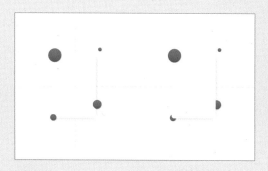

08

원에 미세하게 그림자가 적용되었습니다.

09

원을 복사해 여러 크기로 여러 개를 놓은 다음,
아래쪽에 있는 원 2개를 맨 뒤로 보내주세요.

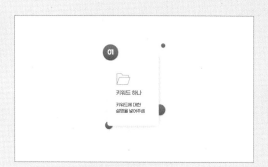

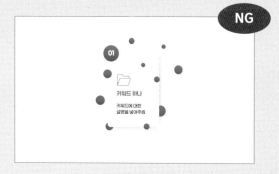

10

원하는 아이콘 및 텍스트를 넣으면 완성입니다.

Tip

디자인 요소를 과하게 넣으면 보기 복잡해질 뿐만
아니라, 내용이 눈에 들어오지 않기도 합니다.
디자인 요소는 내용이 눈에 잘 들어오도록 적당하게
넣어야 합니다.

**완성본**

**01**

[도형 ▶ 타원]으로 원을 만들어주세요.

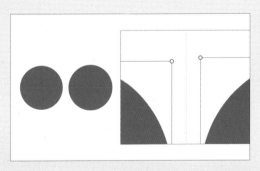

**02**

원을 2개로 복사하고 원 한쪽의 크기를 미세하게
키워주세요.

**03**

작은 원은 하얀색을, 미세하게 큰 원은 파란색
그라데이션을 적용해 주세요.

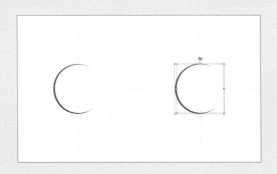

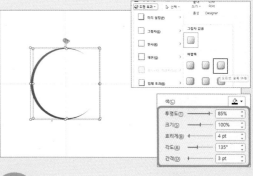

**04**

하얀색 원을 파란색 원 앞으로 옮기고, 왼쪽에
파란색 원이 살짝 보이게 배치해 주세요.

**05**

도형 전체를 드래그한 상태에서 [도형 효과 ▶
그림자 ▶ 바깥쪽 ▶ 오프셋: 왼쪽 아래]를 누른 후
[도형 서식 ▶ 도형 옵션 ▶ 그림자 ▶ 투명도: 85%]로
맞춰주세요.

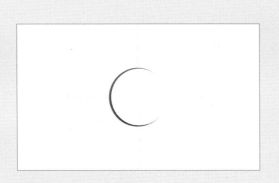

**06**

위와 같은 인포그래픽이 완성됩니다.

**07**

원하는 아이콘 및 텍스트를 넣어 완성합니다.

완성본

**01**

그라데이션이 적용된 원을 만들어주세요. 각도는 45°,
중지점은 2개로 설정했습니다.

**02**

음영으로 쓰일 가로가 긴 회색 직사각형을 만들고,
오른쪽으로 135° 회전해 주세요.

**03**

[도형 서식 ▶ 부드러운 가장자리 ▶ 13pt]를
적용하면 흐림 효과가 적용됩니다.

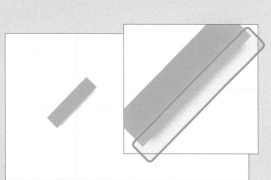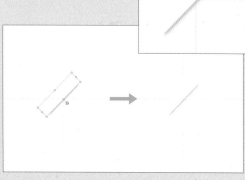

**04**

위와 같이 음영의 반 정도를 회전각이 같은
직사각형을 넣어서 가려주세요.

**05**

직사각형의 색상을 바탕색으로 설정해 주세요.
그러면 오른쪽과 같은 음영 효과가 적용됩니다.

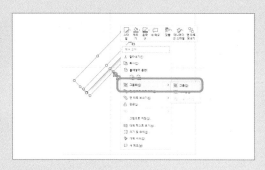

**06**

음영을 그룹화 시켜주세요.

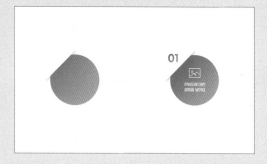

**07**

원의 좌측 위에 올려주세요. 원하는 숫자, 아이콘,
텍스트를 입력하면 완성입니다.

완성본

**01**

세로가 긴 회색 직사각형을 만들어주세요.

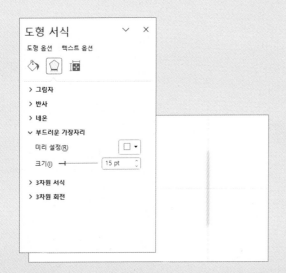

**02**

[도형 서식 ▶ 부드러운 가장자리 ▶ 크기 15pt]로
설정합니다.

**03**

직사각형을 새로 만들어 음영의 절반을 오른쪽으로
가려주세요.

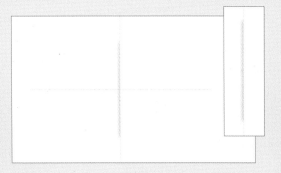

**04**

직사각형을 바탕색으로 바꿔주세요.

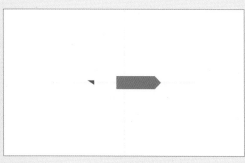

**05**

[도형 ▶ 직각삼각형, 화살표 : 오각형]으로 위와
같이 만들어주세요. 직각삼각형은 180° 회전을
했습니다.

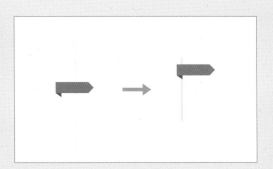

**06**

두 도형을 위와 같이 붙이고,  의 음영과
합쳐주세요.

**07**

원하는 아이콘과 텍스트를 넣어주면 완성입니다.

# 반구 입체 인포그래픽

완성본

**01**

서로 같은 2개의 원을 복사해 만들어주세요.

**02**

한쪽은 어두운색, 한쪽은 밝은색으로 색상을
바꿔주세요.

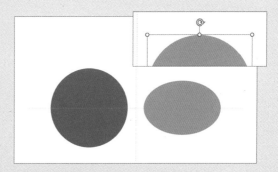

**03**

밝은색의 원의 세로 길이를 줄여주세요.
위쪽의 조정 버튼을 눌러 조정할 수 있습니다.

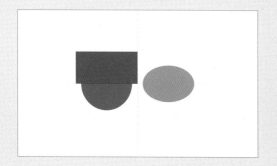

**04**

어두운 원의 절반 부분에 직사각형을 겹쳐주세요.

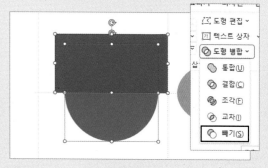

**05**

[Ctrl]을 누른 상태에서 원을 클릭한 후, 직사각형을
클릭해 [도형 병합 ▶ 빼기]를 눌러주세요.

**06**

반원이 생겼습니다.

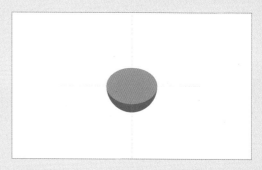

**07**

타원이 앞으로, 반원은 뒤로 보내 서로 겹쳐주면
입체적인 반구가 완성되었습니다.

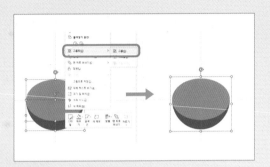

**08**

전체 도형을 드래그해서 그룹화합니다.

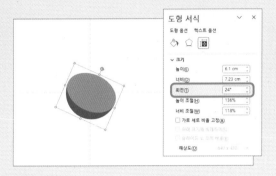

**09**

오른쪽으로 24° 회전시켜 주세요.

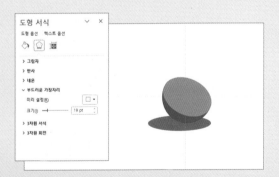

**10**

그림자로 사용할 회색 타원을 아래쪽에 넣어주세요.
회색 타원에 [도형 서식 ▶ 효과 ▶ 부드러운
가장자리]를 넣어서 위와 같이 만들어주세요.
크기는 19pt로 설정했습니다.

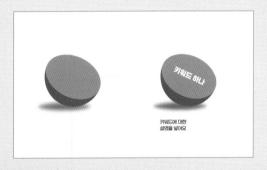

**11**

원하는 텍스트를 넣어주면 완성입니다.

# 꽃잎형 인포그래픽

완성본

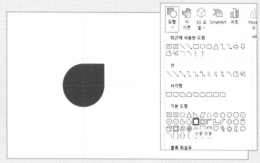

**01**

[삽입 ▶ 도형 ▶ 눈물 방울]을 삽입해 주세요.

**02**

2개로 복사해 주세요.

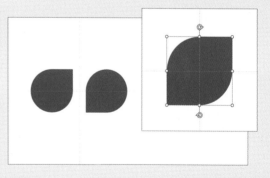

**03**

한쪽을 180°로 회전하고, 서로 완전히 겹쳐주세요.

**04**

위와 같이 꽃잎 모양이 만들어졌습니다.

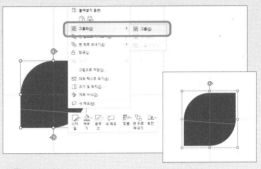

**05**

도형 전체를 드래그한 후 [그룹화 ▶ 그룹]을 눌러
하나의 그룹으로 만들어주세요.

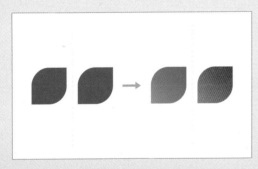

**06**

2개로 복사한 다음, 각각 그라데이션을 적용해
주세요.

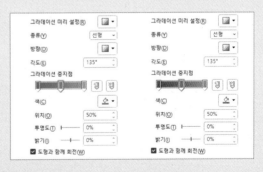

**07**

파란색 그라데이션과 빨간색 그라데이션의
설정값입니다.

08

파란색 꽃잎 2개, 빨간색 꽃잎 2개로 복사해 주세요.

09

그라데이션의 진한 색상 부분이 안쪽으로 가도록
배치해 주세요.

10

원하는 아이콘과 텍스트를 넣어 완성합니다.

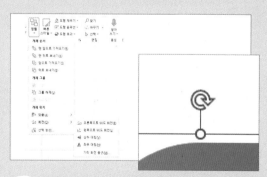

Tip

[정렬 ▶ 회전]의 네 가지 기능을 이용하면 보다 쉽게
배치가 가능합니다. 혹은 도형을 클릭할 때 나오는
회전 표시로 90° 간격에 맞게 회전이 가능합니다.

**4장**

# 파워포인트
# 템플릿 만들기

# 01

통일감 있는 템플릿

파워포인트 템플릿을 만들 때 가장 중요한 것은 통일감입니다. 통일감 있는 슬라이드로 발표를 해야 청중들의 시선이 분산되지 않고, 내용이 자연스럽게 이어지는 느낌을 받게 됩니다. 상황에 따라 형식이나 몇 가지 요소가 추가되는 등의 변수가 있지만, 색상, 여백, 레이아웃, 폰트 등 여러 디자인 요소를 최대한 통일감 있게 맞추는 것이 중요합니다. **템플릿의 구성은 일반적으로 제목, 목차, 본문, 엔딩 슬라이드로 나누어집니다.** 상황에 따라 간지 슬라이드가 들어가기도 하지만, 기본 형식에 맞춰 템플릿을 만들어보겠습니다.

사용 색상

○ 배경색(R=255, G=255, B=255, 색상 코드: #FFFFFF)

● 글자색(R=0, G=0, B=0, 색상 코드: #000000)

● 포인트색 1(R=24, G=72, B=157, 색상 코드: #18489D)

● 포인트색 2(R=255, G=193, B=14, 색상 코드: #FFC10E)

**피공의 파워포인트**
**템플릿입니다.**

발표자 : 피공(@pigong_ppt)

[ 제목 슬라이드 ]

CONTENT

01. Key Points

02. Obvious

03. Percentage

04. Design

[ 목차 슬라이드 ]

# 03. Percentage

[ 간지 슬라이드 ]

[ 본문: 표 슬라이드 ]

[ 본문: 사진을 이용한 슬라이드 ]

[ 본문: 투명도 기능을 활용한 슬라이드 ]

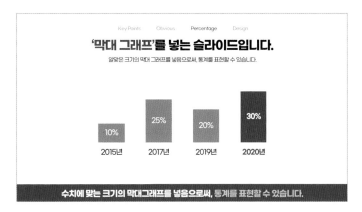

[ 본문: 막대 그래프 슬라이드 ]

[ 본문: 도식화 슬라이드 ]

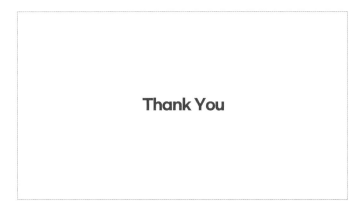

[ 엔딩 슬라이드 ]

## [ 제목(표지) 슬라이드 ]

제목 슬라이드는 청중이 가장 먼저 접하는 슬라이드로, 좋은 첫인상을 만드는 것이 중요합니다. 깔끔한 인상을 주고 싶다면 제목과 발표자의 이름을 넣는 것만으로도 훌륭한 표지를 만들 수 있습니다.

[삽입 ▶ 도형 ▶ 텍스트 박스]로 메인 제목을 왼쪽에 배치하고 발표자의 이름을 오른쪽 아래에 배치해 보세요.

**피공의 파워포인트 템플릿입니다.**

발표자 : 피공(@pigong_ppt)

---

제목 폰트: G마켓산스 Bold, 크기: 48pt, 자간: 좁게 2.8pt, 행간 1

발표자 폰트: G마켓산스 Medium, 크기: 24pt, 자간: 좁게 1.2pt,

글자색 사용 및 투명도 20% 적용

## [ 목차 슬라이드 ]

목차 슬라이드는 파워포인트 내 자료의 흐름을 알려줍니다. 발표하는 내용의 주제가 무엇인지, 어떤 식으로 발표가 진행될 것인지 한번에 청중이 이해할 수 있어야 합니다.

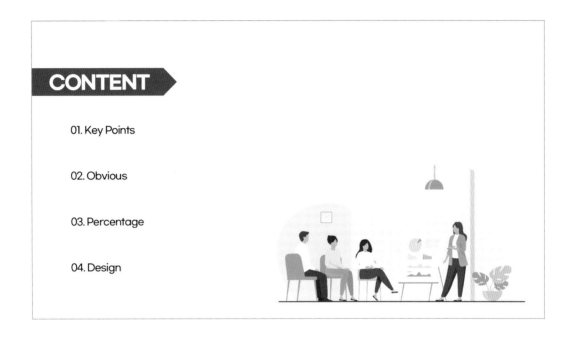

**01**

[삽입 ▶ 도형 ▶ 화살표
오각형]을 눌러 배치해
주세요.

**02**

[삽입 ▶ 도형 ▶ 텍스트
박스]를 눌러 오각형
화살표 안에 글자를
입력합니다.

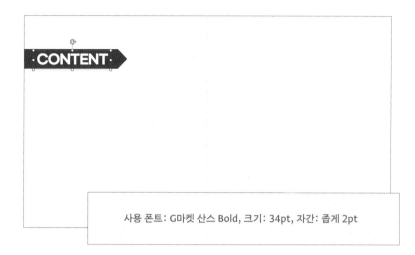

사용 폰트: G마켓 산스 Bold, 크기: 34pt, 자간: 좁게 2pt

**03**

부제목을 넣어준 후,
[Ctrl + Shift]를 누른 후
여러 개로 복사해 주세요.

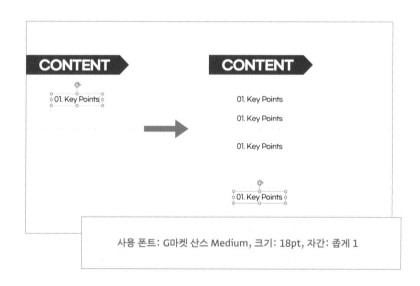

사용 폰트: G마켓 산스 Medium, 크기: 18pt, 자간: 좁게 1

**04**

복사한 텍스트를
드래그한 상태에서
[정렬 ▶ 맞춤 ▶ 세로 간격]
을 동일하게를 눌러
맞춰주세요.

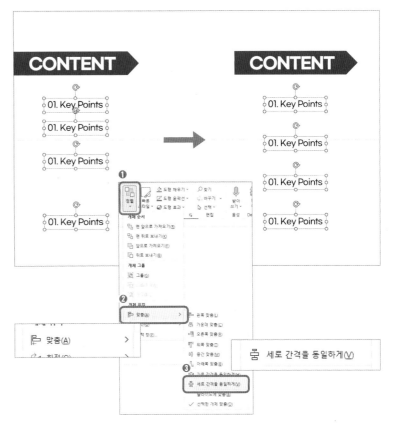

**05**

텍스트를 수정한 후
위, 아래에 동일한
사각형을 놓아 위, 아래
여백을 맞춰줍니다.

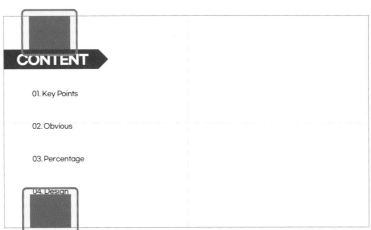

**[삽입 ▶ 그림 ▶ 이 디바이스에서]로 템플릿에 넣을 이미지를 불러옵니다.**

Tip 프리픽(www.freepik.com)에서 무료 라이센스 일러스트를 다운받아 주세요.

**오른쪽 아래에 일러스트를 배치해 완성합니다.**

## [ 간지 슬라이드 ]

간지 슬라이드는 목차가 바뀔 때, 안내판과 같은 역할을 해주는 슬라이드입니다. 목차가 전환되었다는 것을 표현하기 위해 사용합니다. 다음 슬라이드에 전개될 목차를 알리는 역할을 합니다.

# 03. Percentage

사용 폰트: G마켓 산스 Bold, 크기: 66pt, 자간: 좁게 3pt, 포인트색 사용

## [ 본문: 표 슬라이드 ]

본문 슬라이드는 자료의 내용을 적는 슬라이드입니다. 청중이 내용을 이해하기 쉽도록 사진을 넣거나 도식화를 하는 등 여러 모양의 슬라이드 작업을 합니다. 여러 개의 구성 요소가 전개되는 만큼 통일성 있는 색상이나 레이아웃이 중요합니다.

추가 사용 색상

○ (R=234, G=234, B=234, 색상 코드: #EAEAEA)

**01**

텍스트를 입력하고
동일한 간격으로 나열해
줍니다. 텍스트를
드래그하여 마우스
오른쪽 버튼 클릭
[그룹화 ▶ 그룹]으로
그룹화한 다음, 가운데로
맞춰주세요. 그룹화를
해제한 다음 가로 간격을
동일하게 설정합니다.

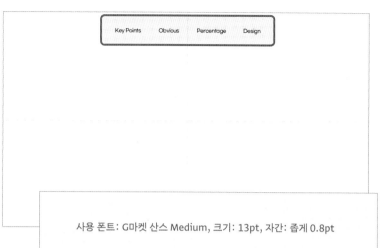

사용 폰트: G마켓 산스 Medium, 크기: 13pt, 자간: 좁게 0.8pt

**02**

각각의 글자에 글자색과
투명도를 설정합니다.
'Key Points' 부분에는
포인트색을 지정하고
나머지 부분에는 기존
글자색의 투명도를
60%로 적용하였습니다.

Tip) 맨 위에 목차를 넣는 이유는 해당 슬라이드에 해당되는 목차가
어디인지를 알려주어 구분하기 위해서입니다. 해당되는 목차
에 포인트색을 넣고 나머지는 투명도로 연한 느낌을 주어 해당
되는 목차를 강조했습니다.

오른쪽과 같이 제목
텍스트와 부가 설명
텍스트를 넣어주세요.

Key Points　Obvious　Percentage　Design

**표를 넣는 본문 슬라이드입니다.**

아래에 표를 배치하고 여기엔 부가 설명을 넣으면 좋습니다.

제목 폰트: G마켓 산스 Bold, 크기: 36pt, 자간: 좁게 2.5pt,

강조할 부분('표를 넣는')은 포인트색을 사용

부가 설명 폰트: G마켓 산스 Medium, 크기: 16pt,

자간: 좁게 1.2pt, 투명도 20% 적용

Tip　위의 형식은 본문 슬라이드에서 슬
라이드가 바뀔 때마다 통일성을 위
하여 계속 사용합니다.

[삽입 ▶ 표 ▶ 4x6표]를
만들어 크기를 조정하고
배치해 주세요.

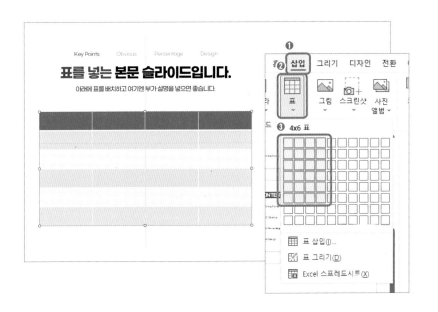

**05**

표 전체를 드래그한
상태에서 [테이블 디자인
▶ 음영 ▶ 채우기 없음]을
눌러주고, 두께 0.5pt로
[테두리 ▶ 안쪽 가로
테두리]를 적용합니다.

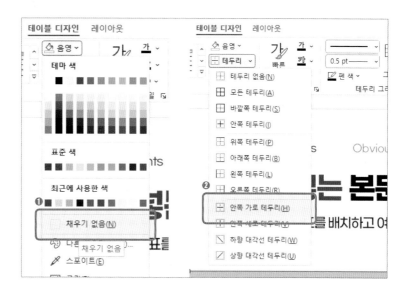

**06**

표 전체를 드래그한
상태에서 두께를 1.5pt로
적용한 후, [테두리 ▶
위쪽 테두리, 아래쪽
테두리]를 적용해
줍니다.

**07**

오른쪽과 같이 음영 없이
가로 테두리만 남은 표의
형태가 됩니다. 그 다음
원하는 행을 드래그하여
[테이블 디자인 ▶ 음영
색상]으로 음영 효과를
적용해 주세요.

원하는 텍스트를 표에
넣으면 완성입니다.

1행 폰트: G마켓 산스 Bold, 크기: 14pt, 자간: 좁게 0.5pt
나머지 행: G마켓 산스 Medium, 크기: 14pt, 자간: 좁게 0.5pt

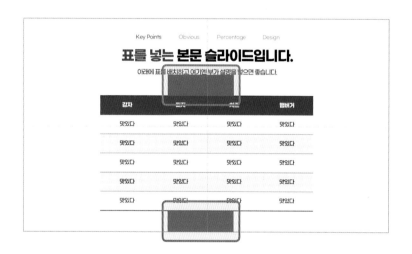

Tip 위, 아래 사각형을 만들어 여백을 확인해 주세요. 이전 예제에서는 여백을 맞추기 위해 안내선을 사용했으나, 해당 예제에서는 형식이 고정되어 있으므로 일부 여백을 맞추어야 합니다. 슬라이드 전체의 여백을 한번에 맞출 때는 안내선을, 고정 요소로 인해 슬라이드 일부의 여백을 맞출 때는 직사각형을 사용합니다.

## [ 본문: 사진을 이용한 슬라이드 ]

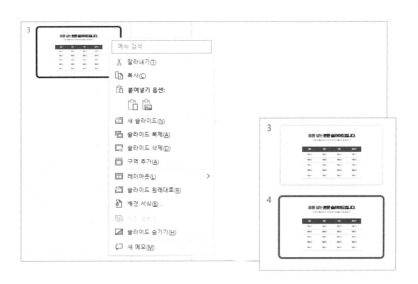

왼쪽 슬라이드 목록에서
이전에 만들었던
[표 슬라이드]에서
[마우스 오른쪽 버튼 클릭
▶ 슬라이드 복제]를 눌러
슬라이드를 복제합니다.

상단의 제목 형식을
제외한 나머지 내용을
삭제합니다.

| 감자 | 피자 | 치즈 | 햄버거 |
|---|---|---|---|
| 맛있다 | 맛있다 | 맛있다 | 맛있다 |
| 맛있다 | 맛있다 | 맛있다 | 맛있다 |
| 맛있다 | 맛있다 | 맛있다 | 맛있다 |
| 맛있다 | 맛있다 | 맛있다 | 맛있다 |
| 맛있다 | 맛있다 | 맛있다 | 맛있다 |

Key Points   Obvious   Percentage   Design

**표를 넣는 본문 슬라이드입니다.**

아래에 표를 배치하고 여기엔 부가 설명을 넣으면 좋습니다.

Key Points   Obvious   Percentage   Design

**표를 넣는 본문 슬라이드입니다.**

아래에 표를 배치하고 여기엔 부가 설명을 넣으면 좋습니다.

> Tip  상단의 제목 형식과 위치를 계속 유지하는 이유는 슬라이드가 넘겨질
> 때마다 바로 보이는 시점을 동일하게 맞춤으로써 통일감을 유지하기
> 위함입니다.

**03**

본문의 텍스트를 원하는
텍스트로 수정하고,
사진을 삽입해 원하는
크기로 수정해 주세요.

**04**

[삽입 ▶ 도형 ▶
직사각형]으로 사진
아래쪽에 포인트색의
정사각형을 걸치듯이
놓아주세요.
이때 [Shift + 마우스]를
활용해 삽입하면
정사각형을 만들 수
있습니다. 사각형
위에 원하는 텍스트를
작성합니다.

숫자 폰트: G마켓 산스 Bold, 크기: 18pt, 자간: 좁게 1pt
사진 제목 폰트: G마켓 산스 Bold, 크기: 20pt, 자간: 좁게 1.5pt
부가 설명 폰트: G마켓 산스 Medium, 크기: 16pt, 자간: 좁게 1.2pt,
　　　　　　　 행간: 1.1

**05**

사진, 사각형, 텍스트를
그룹화한 다음 복사해
오른쪽과 같이 동일한
간격으로 3개를 나열해
주세요.

**06**

두 번째, 세 번째 요소에
사진과 텍스트를
수정합니다. 바꿀 사진을
클릭한 후 마우스 오른쪽
버튼을 클릭하여
[그림 바꾸기] 기능으로
사진을 바꿔줍니다.

Tip  사진 대신 일러스트로도 활용이 가능합니다. 동일한 간격
으로 나열하는 것을 잊지 마세요.

[ 본문: 투명도 기능을 활용한 슬라이드 ]

**01**

이전 슬라이드를 복제해
텍스트를 바꿔주세요.
두 번째 목차(Obvious)를
강조합니다.

Tip 개체 서식 복사[Ctrl + Shift + C]와 개체 서식 붙여넣기
[Ctrl + Shift + V]를 이용하면 쉽게 수정할 수 있습니다.

**02**

투명도가 들어간 원형을
만들기 위해 [삽입 ▶ 도형
▶ 타원]을 이용하여 같은
크기의 원 4개를 복사해
만들어주세요.

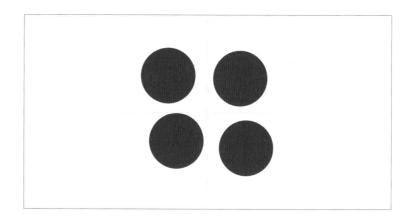

**03**

원을 한 번에 드래그한 후,
마우스 오른쪽 버튼을
클릭하고 [도형 서식
▶ 투명도]에서 투명도
60~70%로 적용해 주세요.

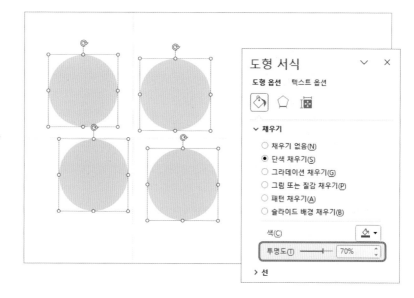

**04**

원 4개를 살짝
어긋나도록 겹쳐주세요.
원 전체를 드래그한 다음
마우스 오른쪽 버튼을
클릭하여 [그룹화 ▶
그룹]을 해주세요.

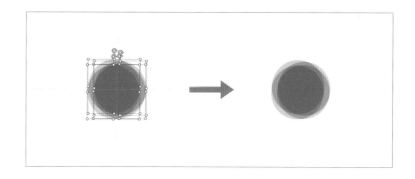

오른쪽과 같이 **04** 의
원형을 동일한 간격으로
배치합니다.

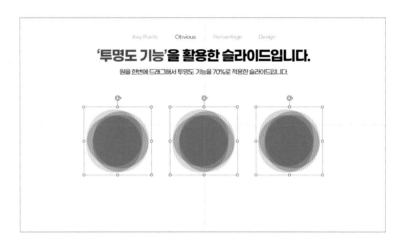

> **Tip** 여러 개체를 드래그해서 그룹화하면, 하나의 개체로 인식하기 때문에
> 정렬 및 맞춤이 훨씬 편해집니다.

06

원하는 아이콘 및
텍스트를 넣고, 동일한
직사각형 2개로 위, 아래
여백이 맞는지 확인하고
완성합니다.

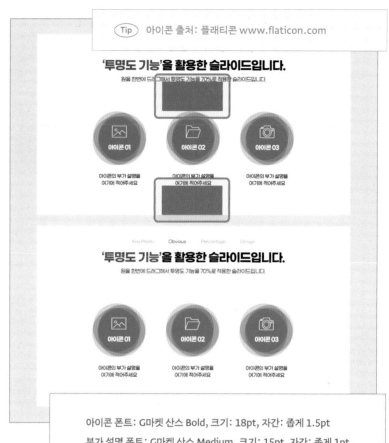

아이콘 폰트: G마켓 산스 Bold, 크기: 18pt, 자간: 좁게 1.5pt

부가 설명 폰트: G마켓 산스 Medium, 크기: 15pt, 자간: 좁게 1pt,

행간: 1.14

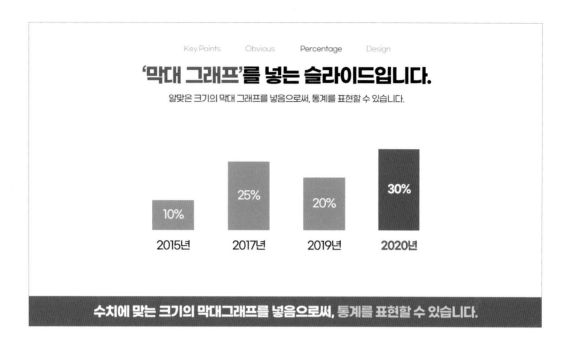

추가 사용 색상

● (R=138, G=138, B=138, 색상 코드: #8A8A8A)

**01**

이전 슬라이드를
복제해 텍스트를
바꿔주세요. 3번째
목차(Percentage)를
강조합니다.

**02**

[삽입 ▶ 도형 ▶
직사각형]으로
테두리 선이 없는 면만
채워진 직사각형을
만들어주세요.
[Ctrl + Shift]를 누른
채 마우스로 이동하여
사각형을 복제합니다.

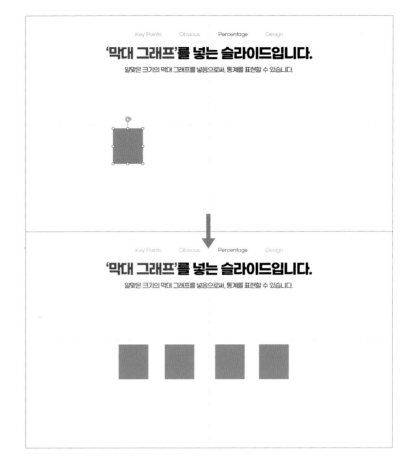

**03**

전체 직사각형을
드래그한 상태에서
[정렬 ▶ 맞춤 ▶ 가로
간격을 동일하게]로
맞춰주세요.

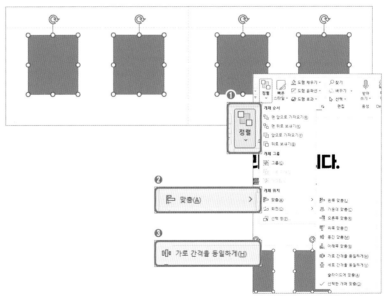

**04**

직사각형을 모두 드래그
하여 마우스 오른쪽 버튼
클릭 [그룹화 ▶ 맞춤 ▶
가운데 맞춤]을 합니다.

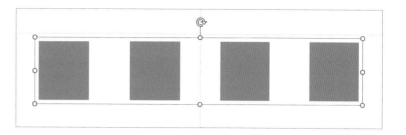

**05**

각 그래프를 원하는
크기로 조정해 주세요.
해당 그래프는 정확한
수치의 그래프는 만들 수
없으니 적절한 크기로
조절하여 사용합니다.

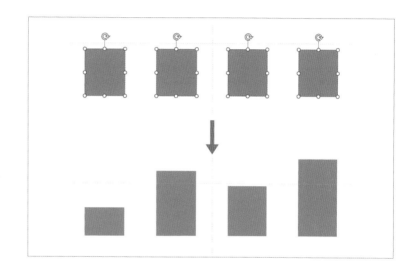

**06**

텍스트를 작성한 후,
강조하고 싶은
그래프를 포인트색으로
강조합니다.

폰트: 20pt, 자간: 좁게 1.5pt
2020년: G마켓 산스 Bold
2015~2019년: G마켓 산스 Medium

**07**

[삽입 ▶ 도형 ▶
직사각형]으로 하단이
꽉 차도록 직사각형을
슬라이드 맨 아래에
넣어주세요.

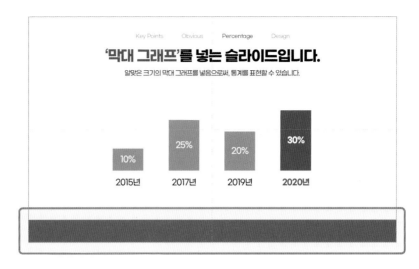

**08**

직사각형 위에 텍스트를
삽입해 요약 또는 결론의
내용을 적어주세요.

폰트: G마켓 산스 Bold, 크기 24pt, 자간: 좁게 1.5pt, 원하는 부분을
포인트색 2로 강조

동일한 직사각형 2개로
위, 아래 여백이 맞는지
확인하고 완성합니다.

**01**

이전 슬라이드를 복제해
텍스트를 바꿔주세요.
4번째 목차(Design)를
강조합니다.

[삽입 ▶ 도형 ▶ 원]을
이용해 포인트색의
원을 만들어주세요.
[Ctrl + Shift]를 누른
채 마우스를 이동하여
오른쪽에 같은 원을
복사해 줍니다.

**03**

두 개의 원을 그룹화한
다음, [정렬 ▶ 맞춤
▶ 가운데 맞춤]으로
슬라이드의 가운데로
맞춰주세요.

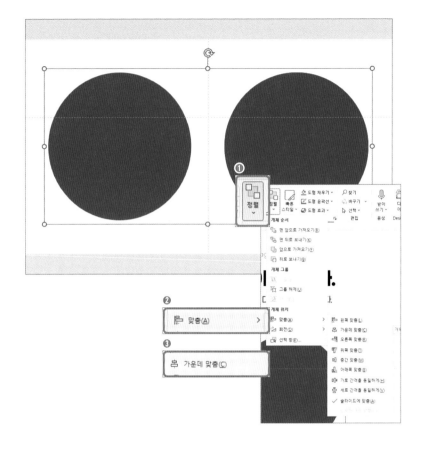

**04**

마우스 오른쪽 버튼을
클릭해 [그룹화 ▶ 그룹
해제]로 그룹화를
해제합니다.

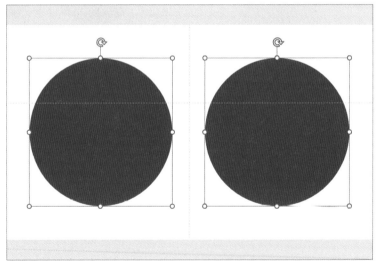

**05**

첫 번째 원을 마우스
오른쪽 버튼으로
클릭하여 [도형 서식]에
들어가, 투명도 45%를
적용해 주세요. 투명도를
조절하는 것만으로
자연스러운 색상으로
대비됩니다.

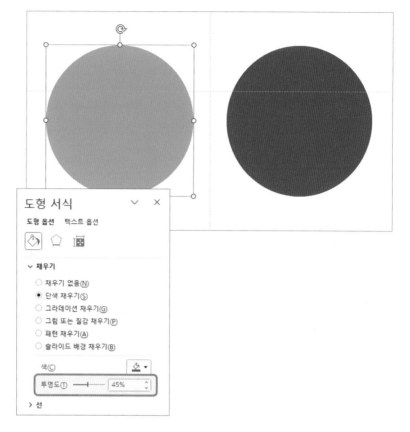

**06**

원 안에 텍스트를
넣어주세요.

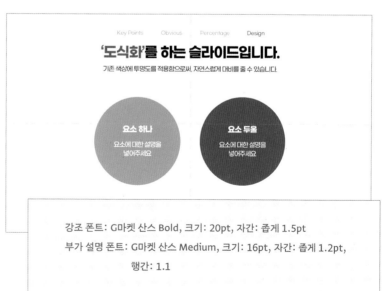

**07**

이전 슬라이드에서
사용했던 맨 아래에
위치한 직사각형을
복사해 동일 위치에
넣어주세요.

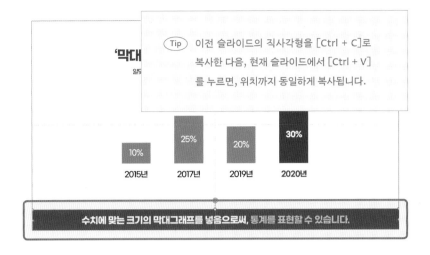

**08**

직사각형 안에 요약 및
결론 텍스트를 수정하고
위, 아래 직사각형을
넣어 여백을 맞추어
완성합니다.

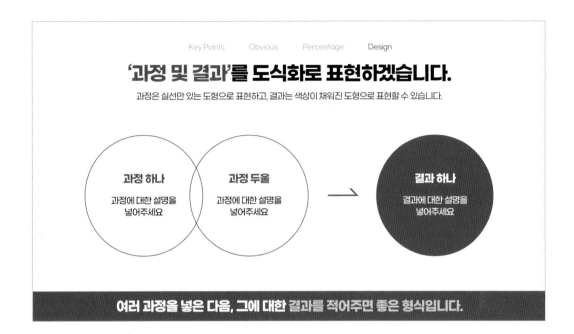

**01**

이전 슬라이드를 복제해
텍스트를 바꿔주세요.
4번째 목차(Design)를
강조합니다.

**02**

포인트색의 테두리만
있는 원을 만들어주세요.
선의 너비는 1.5pt로
설정했습니다.

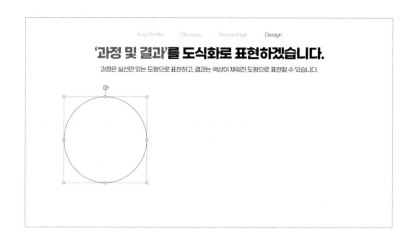

**03**

[Ctrl + Shift]를 누른 채
마우스로 복사해, 2개의
원이 서로 살짝 겹치도록
배치해 주세요.

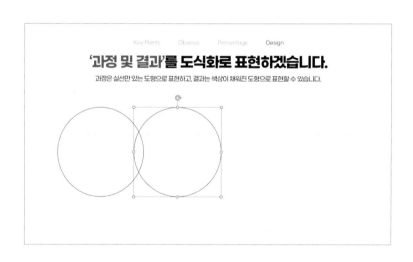

[Ctrl + Shift]를
누른 채 마우스로
복사하여 포인트색으로
채워줍니다.

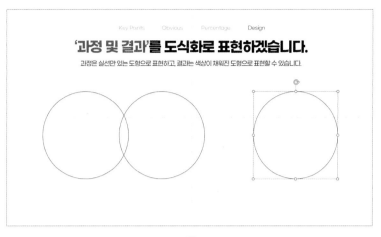

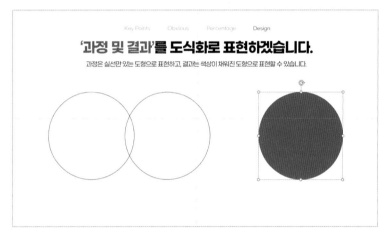

Tip  마지막 원을 포인트색으로 채우는 이유는 실선만 있는 원과 비교해 결과를 강조하기 위해서입니다.

**05**

원 사이에 화살표를
넣어주세요.

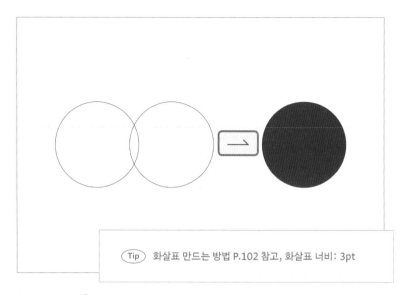

Tip 화살표 만드는 방법 P.102 참고, 화살표 너비: 3pt

**06**

3개의 원을 마우스
오른쪽 버튼 클릭
[그룹화 ▶ 그룹]으로
그룹화한 다음, [정렬 ▶
맞춤 ▶ 가운데 맞춤]을
하여 슬라이드 가운데로
위치를 조정합니다.

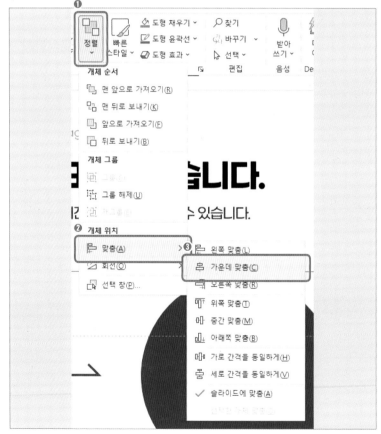

**07**

텍스트를 넣어주세요.

**08**

이전 슬라이드에서와
같이 직사각형 안에
요약 및 결론 텍스트를
넣어줍니다.

위, 아래 직사각형을
넣어 여백을 확인하고
완성합니다.

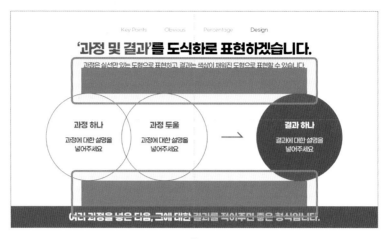

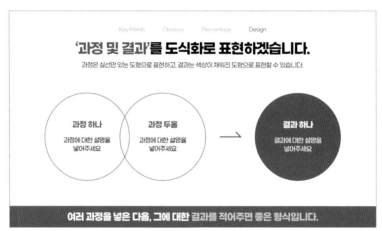

## [ 엔딩 슬라이드 ]

끝인사를 하는 슬라이드입니다. 중요 메시지를 한 줄로 요약해 정리하거나, 간단하게 슬라이드의 중심에 '감사합니다.' 혹은 'Thank You' 정도만 써도 충분합니다.

**Thank You**

사용 폰트: G마켓 산스 Bold, 크기: 44pt, 자간: 좁게 3pt, 포인트색 사용

**서식 복사 단축키[Ctrl + Shift + C, Ctrl + Shift + V]**

[텍스트 서식 복사]
서식 복사 단축키는 도형이나 텍스트의 서식을 복사해서 다른 개체로 옮기는 기능입니다.
해당 단축키를 활용하면 개체마다 일일이 서식을 맞춰야 할 필요가 없기 때문에 시간 단축
에 큰 도움이 됩니다.

**01**

폰트와 크기 및 색상도 제각각인
텍스트 박스가 있습니다.
자간, 행간도 서로 다른 텍스트
박스입니다.

**02**

왼쪽 텍스트 박스를 클릭하고
[Ctrl + Shift + C]를
눌러주세요.

**03**

오른쪽 텍스트 박스를 클릭하고
[Ctrl + Shift + V]를
눌러주세요.

[도형 서식 복사]

 **01**

크기도 색상도 제각각인 두 원이
있습니다.

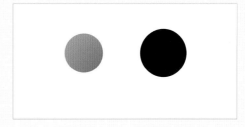

**02**

왼쪽 원을 누르고
[Ctrl + Shift + C]를
눌러주세요.

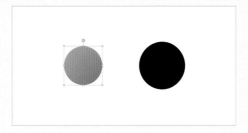

**03**

오른쪽 원을 클릭하고
[Ctrl + Shift + V]를
눌러주세요.

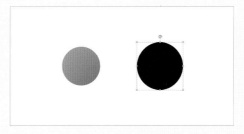

**04**

크기를 제외한 나머지 서식이
복사되었습니다.

# 02

# 네온사인 템플릿

네온사인은 주목도가 높아 청중을 사로잡는 매력을 가지고 있습니다. 눈에 잘 띄기에 단숨에 관심을 집중시킬 수 있는 효과를 가지고 있습니다.

[ 표지 슬라이드 ]

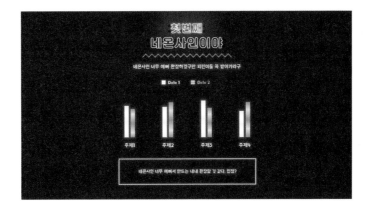

[ 본문: 막대그래프 슬라이드 ]

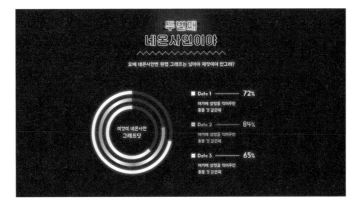

[ 본문: 원형그래프 슬라이드 ]

[ 본문: 사진 구성 슬라이드 ]

[ 본문: 아이콘 구성 슬라이드 ① ]

[ 본문: 아이콘 구성 슬라이드 ② ]

[ 본문: 도식화 슬라이드 ]

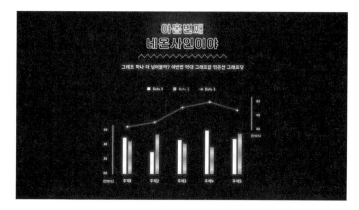

[ 본문: 막대그래프 + 꺾은선그래프 슬라이드 ]

[ 엔딩 슬라이드 ]

위와 같이 글씨 테두리에 네온사인 효과를 적용하는 방법을 알아보겠습니다.

**01**

네온사인이 더 잘 보이기 위해 어두운 바탕색을 만들어주세요. 슬라이드 오른쪽 버튼을 클릭하여 [배경 서식 ▶ 색 ▶ 다른색 ▶ 육각: # 1F1F1F]로 지정합니다.

**02**

텍스트를 작성해 주세요.

사용 폰트: 여기어때 잘난체
색상 코드: #D4F3FF

**03**

텍스트를 마우스 오른쪽
버튼으로 클릭하여
[도형 서식 ▶ 채우기 ▶
채우기 없음 ▶
텍스트 윤곽선 ▶ 실선 ▶
색상 지정(#D4F3FF) ▶
너비: 2.5pt]로 설정해
주세요.

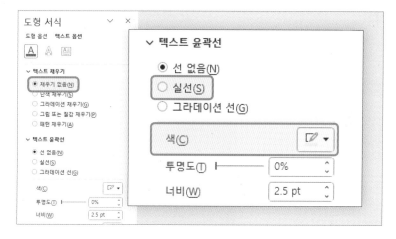

**04**

텍스트의
윤곽선(테두리)만 남은
형태가 됩니다.

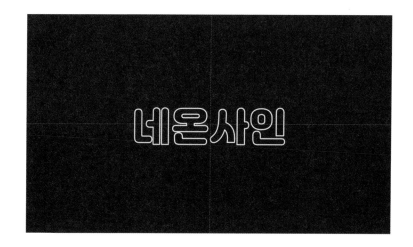

**05**

텍스트에 텍스트
그림자를 적용해 주세요.
[도형 서식 ▶ 텍스트 옵션
▶ 효과 ▶ 그림자 ▶ 색상
조정(글자 색과 동일),
투명도, 크기, 흐리게,
각도, 간격] 등의 부가
기능을 맞춰주세요.

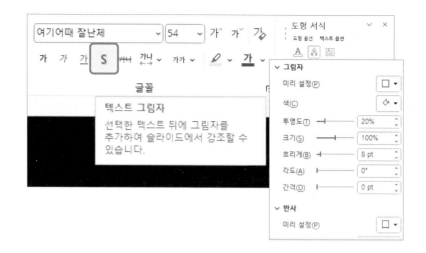

**06**

그림자를 설정하면
텍스트 주위로 빛이
생기는 것이 보입니다.

**07**

[도형 서식 ▶ 텍스트
옵션 ▶ 효과 ▶ 네온
▶ 색상 조정 및 크기,
투명도]를 조정해
주세요.

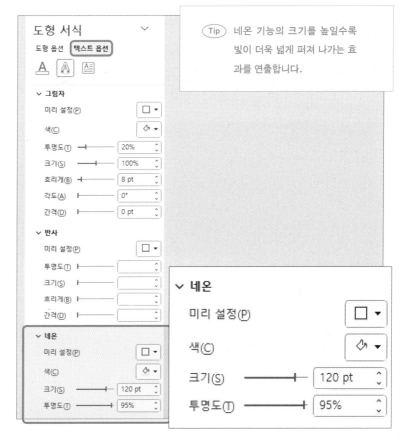

Tip  네온 기능의 크기를 높일수록
빛이 더욱 넓게 퍼져 나가는 효
과를 연출합니다.

**08**

네온 효과를 적용하면
글씨 주위로 빛이
퍼져나가는 효과를
연출할 수 있습니다.

다음은 글씨 자체에 네온사인을 적용하는 방법입니다.

**01**

어두운 바탕에 밝은색
글씨로 텍스트를
작성합니다.

**02**

[텍스트 옵션 ▶ 텍스트
채우기 ▶ 그라데이션
채우기 ▶ 각도: 45°]로
맞춰주고, 그라데이션의
중지점을 여러 개를
만들어주세요. 또한
그라데이션 중지점의
색상은 중간중간 환한
색상을 섞어주세요.

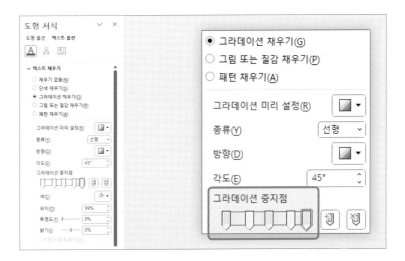

**03**

그러면 단일 색상일때와
비교해, 미세하게
생동감이 생기는 것을
알 수 있습니다.

Tip 마찬가지로 글씨의 테두리에도 단일 색상이
아닌 그라데이션의 중지점을 골고루 적용하면
생동감이 생깁니다. 그러나 테두리인 만큼 미
세한 효과이며 그라데이션을 골고루 적용하기
엔 번거로움이 크기에 생략하였습니다.

**04**

[도형 서식 ▶ 네온 ▶
크기: 20pt, 투명도:
90%]를 조정해 주세요.

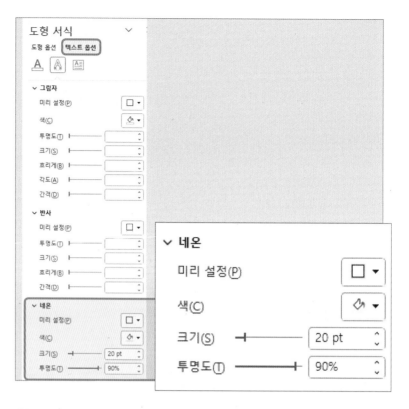

**05**

효과를 적용하면 텍스트
주위로 빛이 번지게
됩니다.

## 도형 테두리에 네온사인 적용하기

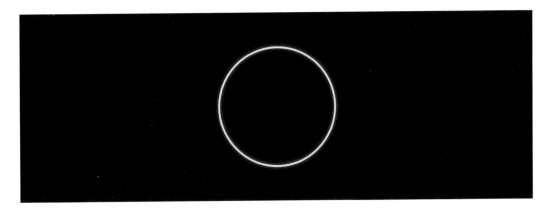

텍스트에 네온사인을 넣는 것과 마찬가지의 방식으로 도형의 테두리, 혹은 도형 자체에 네온사인을 적용할 수 있습니다. 차이점이 있다면 텍스트는 텍스트 옵션에서 설정을 하였으나 도형은 도형 옵션에서 설정을 한다는 것입니다.

**01**

글씨 테두리에 네온을 적용할 때와 마찬가지로 [도형 옵션 ▶ 채우기 없음 ▶ 실선]을 적용하고, [도형 서식▶ 효과 ▶ 네온 ▶ 크기: 7pt, 투명도: 80%]로 설정합니다. 테두리 주위로 빛이 번지는 네온 도형 테두리를 만들 수 있습니다.

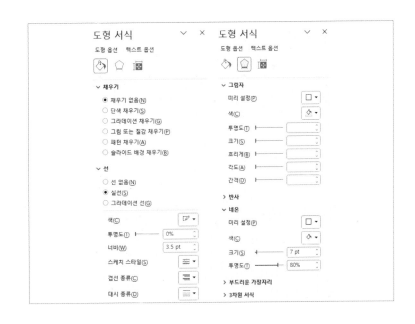

# 도형에 네온사인 적용하기

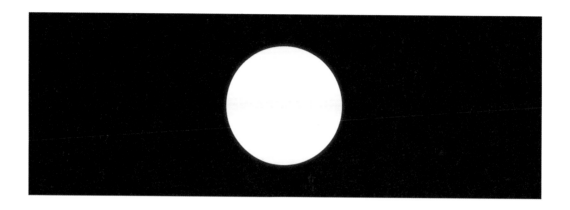

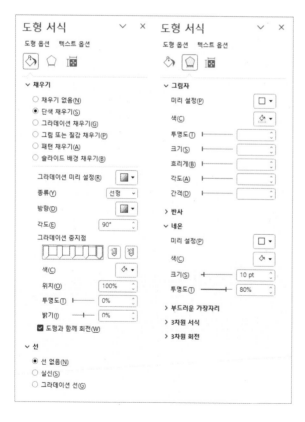

글씨 자체에 네온 사인을 적용할 때와 마찬가지로 그라데이션의 중지점을 중간에 환한 색상을 넣어가며 골고루 여러 개 맞춰주고 [도형 서식 ▶ 효과 ▶ 네온 ▶ 크기: 10pt, 투명도: 80%]로 설정합니다. 도형에 빛이 번지는 효과를 연출할 수 있습니다.

# 03

## 눈에 확 띄는
## 카드뉴스

포토샵이나 일러스트레이터 없이 파워포인트로도 멋진 카드뉴스를 만들 수 있습니다. 카드뉴스는 한정된 정보를 독자들에게 빠르게 전달해야 하기 때문에 빠른 시간 안에 잘 읽힐 수 있도록 직관적이고 가독성이 높은 디자인으로 만들어야 합니다. 다양하게 풍부한 자료를 보여주도록 설계해야 하는 다른 PPT 슬라이드와는 달리, 카드뉴스 슬라이드는 빠른 정보전달을 목적으로 하는 것에 초점을 두어야 합니다. 디자인에 많은 신경을 쓰지 않더라도, 눈에 띄게 디자인해 보세요.

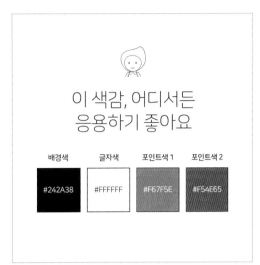

**카드뉴스를
만들 때
중요한 것**

**카드뉴스를
만들 때
중요한 것**

**카드뉴스를
만들 때
중요한 것**

흔히 보는 카드뉴스 섬네일입니다. 굵기가 굵은 텍스트를 사용하고 자간, 행간도 조정해 텍스트의 가독성을 높였습니다. 주제를 직관적으로 읽을 수 있는 장점이 있습니다. 필요에 따라 강조할 부분에 포인트를 주어 중요한 부분만 읽히도록 합니다.

**카드뉴스를
만들 때
중요한 것**

**카드뉴스를
만들 때
중요한 것**

카드뉴스의 폰트는 카드뉴스의 분위기와 컨셉을 연출하는 데 도움을 줍니다. 글씨체의 모서리가 각진 폰트는 진지하고 신뢰도 높은 인상을 풍기며, 모서리가 둥근 폰트는 친근하고 부드러운 느낌으로 내용을 전달할 수 있습니다.

사진과 글자가 혼합된 형태의 카드뉴스를 만들기도 합니다. 사진을 넣음으로써 주제를 직접적으로 연상시킬 수 있는 장점이 있어 흔하게 사용됩니다. 사진이 들어가게 되면 아무래도 글자가 잘 읽히지 않기 때문에 글자에 테두리를 주어 사진과 분리된 느낌으로 연출해 보도록 하겠습니다.

**01**

[디자인 ▶ 슬라이드 크기
▶ 사용자 지정 슬라이드
크기]를 클릭합니다.

**02**

슬라이드 크기에서
너비와 높이를 1:1
비율로 맞춰주세요.
본문에서는 25×25cm로
작업하였습니다.

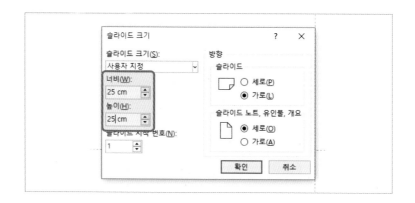

**03**

[최대화] 또는
[맞춤 확인]을
클릭합니다.

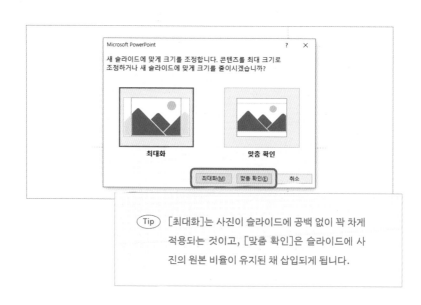

> Tip [최대화]는 사진이 슬라이드에 공백 없이 꽉 차게
> 적용되는 것이고, [맞춤 확인]은 슬라이드에 사
> 진의 원본 비율이 유지된 채 삽입되게 됩니다.

**04**

1:1 비율의 정사각형
카드뉴스 슬라이드
크기로 변경되었습니다.

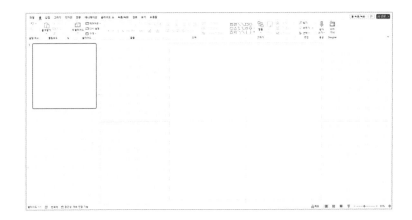

**05**

[삽입 ▶ 그림 ▶
이 디바이스에서]로
사진을 삽입하고 자르기
및 크기 조정 기능을
이용해, 슬라이드를 가득
채우는 1:1 정사각형
비율에 맞춰주세요.

## [글씨에 테두리 넣기]

**06**

텍스트를 삽입해 주세요.
굵게 조정하였습니다.

**07**

텍스트 박스를 2개로
복사하고, 아래로 복사한
텍스트 박스에
[텍스트 윤곽선 ▶ 실선
▶ 너비: 22pt]로
맞춰주세요.
색상은 하얀색으로
조정합니다.

**08**

윤곽선이 굵게 적용된
텍스트가 되었습니다.

**09**

일반 텍스트 박스가 앞에
가도록 텍스트 박스를
겹친 후 위치를 조정하여
완성합니다.

Tip¹ 사진은 사람들에게 직관적으로 주제가 연상이 되게끔 만드는 것이 목적입니다. 만약 보여
줘야 할 대상이 텍스트에 의해 가려져 버리면 주제가 쉽게 연상이 되지 않습니다.

보여줘야 할 대상(팝콘)이 텍스트에 가려져
주제가 직관적으로 연상되지 않습니다.

보여줘야 할 대상(팝콘)이 텍스트에 가려지
지 않고 직관적으로 보이기 때문에 주제가 쉽
게 연상됩니다.

Tip² 텍스트에 테두리를 적용하는 이유는 가독성을 높이기 위해서입니다. 일반 단일 텍스트로는
사진에 따라 가독성이 떨어지는 경우가 있기 때문에, 텍스트에 테두리를 적용해 사진에 비
해 눈에 띄게 하여 가독성을 높입니다.

## [그림자 넣기]

**10**

입체감 있는 글씨를
만들기 위해 그림자를
넣어보겠습니다. 텍스트
전체를 드래그한 후,
텍스트 그림자 기능을
클릭하고 [도형 서식 ▶
텍스트 옵션 ▶ 효과]에서
원하는 대로 수정해
주세요.

**11**

텍스트에 그림자를
넣음으로써 풍부한
입체감 있는 텍스트가
되었습니다.

## [배경 그라데이션을 활용하기]

**12**

사진 위에 그라데이션
효과를 넣어 가독성을
높여보겠습니다. 사진
앞, 텍스트 뒤에 검은색
직사각형을 넣어주세요.

**13**

마우스 오른쪽 버튼을
클릭하여 [도형 서식]에
들어가 그라데이션
중지점의 투명도 및
각도를 설정해 주세요.

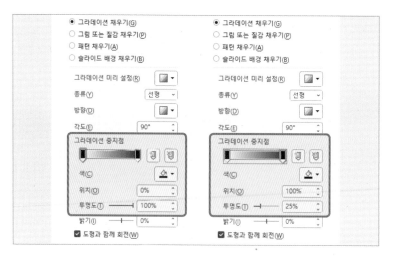

그라데이션 효과에
투명도를 적용함으로써
가독성을 살림과 동시에,
그라데이션 박스 뒤에
있는 사진까지 보여줄 수
있는 카드뉴스 섬네일이
완성됩니다.

# 피공의 심플하지만 강력한 PPT 디자인

: 실전에 바로 적용하는 내가 찾던 그 파워포인트

초판 1쇄 인쇄 2023년 2월 15일

초판 1쇄 발행 2023년 2월 27일

| | | | |
|---|---|---|---|
| 지은이 | 피공(박정언) | 출판등록 | 2011년 1월 6일 제406-2011-000003호 |
| 펴낸이 | 이준경 | 주소 | 경기도 파주시 문발로 242 파주출판도시 (주)영진미디어 |
| 편집장 | 이찬희 | 전화 | 031-955-4955 |
| 책임편집 | 김아영 | 팩스 | 031-955-4959 |
| 편집 | 김경은 | 홈페이지 | www.yjbooks.com |
| 디자인 | 정미정, 이윤 | 이메일 | book@yjmedia.net |
| 마케팅 | 이수련 | ISBN | 979-11-91059-37-3 13000 |
| 펴낸곳 | (주)영진미디어 | 값 | 23,000원 |